JN192488

樹脂粘土でつくる

**わくわく
ミニチュアお弁当**

関口真優

はじめに

大好きなおかずがギュッと詰まったお弁当。
見ているだけでワクワクして、笑顔になれます。
そんな嬉しいお弁当をミニチュアサイズで作ってみませんか?

本書では、大人用のお弁当、子ども用のお弁当、
お花見やピクニックにぴったりの行楽弁当、お弁当屋さんのかつ丼やのり弁、
天ぷらやうなぎの入った贅沢な仕出し弁当など……
さまざまなテイストのミニチュアお弁当を紹介します。

肉そぼろ、から揚げ、卵焼き、ウインナー、煮物といった
定番おかずを中心にパーツのバリエーションはたくさん!

何度も同じパーツを使うことができるように型取りの方法も掲載。
作り方は写真で丁寧に解説したので、
初心者の方でも気軽にはじめてみてください。

小さな弁当箱も手作り。
わっぱ形、四角形、八角形、取っ手つきと、
選ぶ型によって形を変えられます。
木を使って曲げわっぱや木の箱を作るのも楽しい。
着色したり、仕切りを入れたり、自分好みに仕上げてください。

盛りつけの楽しさはお弁当の醍醐味。
同じおかずでも弁当箱や盛りつけ方で雰囲気が変わります。

紹介した作品をそのまま作るのもよいですが、
もちろん、自由にアレンジしてもOKです。
おかずと弁当箱を好きなように組み合わせ、
ぜひオリジナルのお弁当作りを楽しんでくださいね。

関口真優

CONTENTS

collection ミニチュアお弁当コレクション

How to make パーツの作り方

作り はじめる 前に

◎各レシピの粘土は基本的に1個分の分量ですが、少量の粘土は着色しにくいため、小さなパーツは作りやすい分量で紹介しています。

◎粘土が完全に乾燥するまで2〜5日かかります。作品の大きさや季節、粘土の種類によって異なるので状態を見て調整してください。

◎UVレジンはUVライトにあてて3〜5分で硬化します。大きさや厚みにより照射時間は変わるので様子を見ながら調整してください。また、UVレジンは一度に流し込む量が多すぎたり、着色剤を入れすぎたりすると、中までUVライトがあたらず、硬化不良の原因になるので注意が必要です。

MATERIAL

使用する主な材料

粘土

グレイス
（日清アソシエイツ）

キメが細かく、薄くのばせて仕上がりに透明感が出る樹脂粘土。本書の主な作品で使用している。

グレイスカラー
（日清アソシエイツ）

発色が美しいカラー粘土（全9色）。そのまま使うほか、無着色の粘土に混ぜて着色することも。

グレイスジュエリーライン
（日清アソシエイツ）

しなやかでコシがある樹脂粘土。型抜きしやすいので、本書では弁当箱作りに使用している。

すけるくん
（アイボン産業）

透明度が高くて柔軟性がある粘土。いくら(p.37)、大根の煮物(p.46)、こんにゃく(p.47)に使用。

UVレジン

太陽の雫 ハードタイプ
（パジコ）

紫外線（UV）にあてるとかたまる透明樹脂。本書では天ぷら衣やたれ、卵などを作るときに使用。

UVレジンの着色

宝石の雫
（パジコ）

UVレジン専用の液体着色剤（全17色）。混ざりやすく、透明感があり、美しい発色が特徴。

型取り

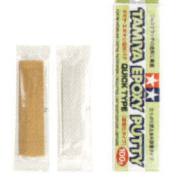

エポキシ造形パテ〈速硬化タイプ〉
（タミヤ）

型の原型を作るときに。キメ細かな表現ができる。速硬化タイプは5〜6時間と硬化時間も短い。

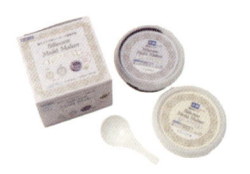

シリコーンモールドメーカー
（パジコ）

シリコーン型取り材。原型を詰めて型が作れる。3分で硬化がはじまり、30分ほどで完全に硬化。

ミニチュアお弁当作りに使う基本の材料を紹介します。
粘土のほか、UVレジン、型取り剤、着色料などを用意しましょう。

着色

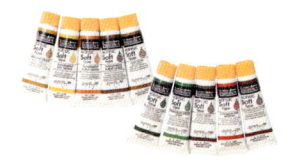

アクリル絵具
（リキテックス）

粘土の着色や焼き色などを塗るときに。本書ではソフトタイプを使用。えんじ色は**ターナー ジャパネスクカラー**を使用。

デコレーションカラー
（タミヤ）

鮮やかな発色が特徴のアクリル塗料（全13色）。パーツや弁当箱の着色、粘土の着色に使用。

アクリル塗料 ミニ
（タミヤ）

水溶性アクリル樹脂を使った塗料。エアーブラシの吹きつけにも向いている。弁当箱の着色に。

アクリル塗料 溶剤
（タミヤ）

アクリル塗料の薄め、ふき取り、洗浄に使用。塗料が原液のままで濃い場合は、溶剤を少し混ぜて薄める。

接着

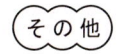

木工用ボンド　**クラフトボンド**
（コニシ）　　　（タミヤ）

パーツの接着に使用。乾燥後は透明になる。100円均一ショップなどのものでもOK。**クラフトボンド**はノズルが極細なので細かい部分に便利。

その他

ベビーオイル

粘土を型に詰めたり、切ったりするときに。型やカッターにオイルを塗ると粘土がくっつかず作業しやすい。

〈粘土の保存について〉

使いかけの粘土は、乾燥しないように開け口をラップで包み、保存袋に入れて密閉します。3カ月ほど保存可能です。袋から出した粘土も同様にラップに包んで保存袋に入れておくと翌日まで使えます。

TOOL

使用する
主な道具

クリアファイル

作業台として下に敷く。粘土がくっつきにくく、汚れたら使い捨てできるのが便利。

カラースケール
(パジコ)

粘土をくぼみに詰め、計量する道具。ご飯を盛りつけるときなどの型としても使える。

UVライト

紫外線をあててUVレジンをかためる。本書では**UV(紫外線)照射器(日清アソシエイツ)**を使用。

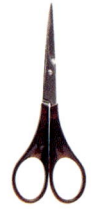

はさみ

切れ味がよく、刃先が細い粘土用がおすすめ。本書では**ステンレスハサミ小(パジコ)**を使用。

カッター

粘土を切るときに。カッターは刃の両端を持って押すように切る。デザインナイフは細かい部分に。

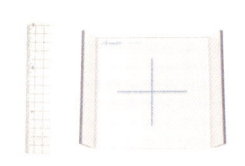

定規・プレス器

粘土をのばす道具。ミニプレス(日清アソシエイツ)を使用。定規はサイズも計りやすい透明を選ぶ。

歯ブラシ

粘土に質感をつけるときに使用。しっかり模様がつくように毛先は硬めを選ぶとよい。

ステンレスモデラ
(日清アソシエイツ)

成形するときなどに使うステンレス製の粘土ヘラ。先端が細く、小回りがきくので便利。

シュガークラフト用の細工棒

先端に丸みがある棒。粘土にくぼみをつけたり、つぶしたりするときなどに使用。

ミニチュアお弁当作りに使う基本の道具を紹介します。
使いやすいものを選びましょう。

楊枝

アクリル絵具やボンドを少量すくったり、粘土に質感をつけるときに。箸（p.71）の材料にも。

筆

幅広は色を塗る面積が広いとき、細筆や極細は細かい部分に。右3本は**モデリングブラシHF（タミヤ）**、左は**クレイジュエリー筆 短軸平筆4号（日清アソシエイツ）**。

メイクチップ

絵具を塗るときの筆として。たたくようにして塗ると、ほどよくグラデーションができる。

カップ・小皿

カップは絵具の水入れに、小皿は着色料などを混ぜるときに。使い捨てできる薬味皿が便利。

ピンセット

弁当箱にパーツを盛りつけるときなどに。本書では**ツル首ピンセット（タミヤ）**を使用。

ラップ・メモ用紙

絵具などを出すパレットとして。使い捨てできて便利。ラップは粘土の保存（p.7）にも使用。

あると便利な道具

スポンジ

粘土を乾燥させるときに使用。通気性がよいので底までしっかり乾かすことができる。

やすり

弁当箱やカトラリー作りの仕上げに使用。金属製やネイル用など、よく削れるものを用意。

両面テープ

のり（p.63）や、エアーブラシで着色する際に弁当箱を固定する（p.72）ときなどに使用。

スポイト

アクリル塗料を溶剤で薄めるときに使うと便利。本書では**スポイトセット（タミヤ）**を使用。

この本の
使い方

オリジナルの
ミニチュアお弁当を作りましょう！

| STEP1 | STEP2 | STEP3 |

好きなおかずを
選んで作る

(p.26〜63)

弁当箱を作る

(p.64〜72)

盛りつける

(p.73)

から揚げ、えびフライ、た
こさんウインナー、卵焼き
など、お弁当に入れる好き
なおかずを選びましょう。
おにぎりやケチャップライ
スなど、ご飯で変化をつけ
るのも楽しい。

p.65から型を選び、好きな
形の弁当箱を作りましょう。
工作用の木材を使って本格
的な曲げわっぱや木箱に挑
戦しても。箸などのカトラ
リーも好みで合わせてみて
ください。

パーツと弁当箱が完成した
ら、いよいよ盛りつけです。
配置を決めたら、ご飯とお
かずをボンドで貼りつけて
いきます。p.12〜25で紹介
した作品も盛りつけ方の参
考にしてください。

Miniature

BENTO

collection

⠿ ミニチュアお弁当コレクション ⠿

おいしそうなお弁当が勢ぞろい。
和食中心の大人弁当、かわいらしい子ども弁当、
みんなで食べる行楽弁当、お弁当屋さんの定番弁当、
高級感あふれる仕出し弁当と、5つのテーマで作品を作りました。
作品を参考に、自由にアレンジを楽しんでください。

大人弁当 ⓐ〜ⓔ

仕事場で食べるランチをイメージした大人向けのお弁当です。
落ち着いた色合いのランチボックスと木の曲げわっぱに、
和のおかずを中心に盛りつけました。

a

b

ⓐ そぼろ弁当

お弁当の定番、3色弁当。
肉そぼろと炒り卵を半々にのせ、
真ん中にピーマンを。
ミニトマトがアクセント。

作り方 → p.74

ⓑ ピーマンの肉詰め弁当

照りがおいしそうなピーマンの肉詰め。
から揚げとえびフライも詰めた
豪華なお弁当。焼きじゃがいも、
卵焼きを副菜に。

作り方 → p.74

ⓒ れんこん肉挟み焼き弁当

ボリューム満点のれんこん肉挟み焼き。
にんじんラペとゆで卵、ブロッコリーと
ミニトマトをプラス。柄のペーパーを合わせ、
かわいい雰囲気に。

作り方 → p.74

d: ぶりの照り焼き弁当

ぶりの照り焼きに、煮物や卵焼きを合わせて。
ご飯には薄切りにした柴漬けと絹さやを散らし、
花形のれんこんとにんじんで華やかに仕上げました。

作り方 → p.75

e ： ひじき入り
豆腐ハンバーグ弁当

メインは豆腐とひじきのヘルシーなハンバーグ。
副菜はさつまいもやこんにゃく、ちくわなど。
地味だけど、しみじみおいしい和弁当です。

作り方 → p.75

子ども弁当 *f〜h*

水色、ピンク、黄色とパステルカラーの弁当箱を作りました。
おかずは、たこさんウインナーやから揚げなど、子どもが大好きなものを。
盛りつけをかわいらしく工夫し、見た目も楽しいお弁当に。

f： オムライス弁当

オムライスは錦糸卵を貼りつけ、おにぎりに。
から揚げ、たこさんウインナー、野菜でまわりをぐるりと囲んでみました。

作り方 → p.75

g： くまちゃん弁当

愛らしい、くまのライスがポイント。
ほっこり笑顔になれるキュートな
お弁当です。おかずは、えびフライ、
肉巻き、ハート形の卵焼きなど。

作り方 → p.76

h： ケチャップライス弁当

ご飯は白米とケチャップライスの2種。
ミートボールや具材入りの卵焼きを入れ、
お花のようなハムと、
星形のチーズを散らして。

作り方 → p.76

行楽弁当 [1~]

お花見や運動会、ピクニック……。
お出かけして、みんなでワイワイ食べたいお弁当を作りました。
お重にいなり寿司やおにぎり、嬉しいおかずをたっぷり詰めて。

1: いなり寿司とおにぎり弁当

丸いおにぎりは、雑穀米と、絹さやとサーモン入り。
いなり寿司は上に具材をトッピング。
桜形のハムで春らしい雰囲気になりました。

作り方 → p.76

j. から揚げと
　　えびフライ弁当

お重に定番のおかずをたっぷり詰めました。
から揚げ、えびフライ、卵焼き、
ウインナー。ブロッコリーと
ミニトマトで彩りを。

作り方 → p.77

お弁当屋さんの弁当 k〜m

町のお弁当屋さんで売っているメニューを再現するのも楽しい。
さっと食べられる、のり弁、牛丼、かつ丼を作りました。
弁当箱には色を塗らず、使い捨ての容器をイメージ。

k: のり弁当

のり弁といえば、白身魚のフライと、
ちくわの磯辺揚げは欠かせません。
のりはティッシュと両面テープでリアルな質感を表現。

作り方 → p.77

20

l: 牛丼弁当

見ているだけでお腹がすいてくるお弁当。
肉と玉ねぎをたれであえながら、
ご飯の上にバランスよく盛りつけます。

作り方 → p.77

m: かつ丼弁当

シンプルだけど、ボリュームたっぷり！
まず、とんかつパーツを作り、
UVレジンで作った卵で
全体をあえていきます。

作り方 → p.78

l

m

仕出し弁当 n~r

こだわりの料理と美しい盛りつけが楽しめる仕出し弁当。
弁当箱は木を使ったり、仕切りをつけたりして、高級感を出しました。
天ぷら、うなぎ、ちらし寿司と、中身もグレードアップ。

n

o

n うな重弁当

うなぎをドーンとご飯にのせ、
天ぷらも添えた、特別感のある
お弁当。照りのあるたれが
食欲をそそります。

作り方 → p.78

o 幕の内弁当

焼きさけ、えび焼き、卵焼き、肉団子、
煮物。いろいろなおかずを
少しずつ味わえるように詰めました。
ご飯は梅干しで日の丸に。

作り方 → p.78

p: 2色ごはん弁当

雑穀米と玄米を作り、仕切りに合わせて詰めました。
おかずは、ひじき入り豆腐ハンバーグ、卵焼き、煮豆など。
えび焼きを前に出して存在感を。

作り方 → p.79

q. ちらし寿司弁当

弁当箱は市販のミニわっぱを利用。
錦糸卵を敷き、いくら、野菜を散らしました。
矢生姜の甘酢漬けを中央にのせ、全体を引き締めます。

作り方 → p.79

「天ぷら弁当

天ぷらは、えび、かぼちゃ、れんこん、しそ、しいたけ。
肉団子と煮物を添え、ご飯に黒ごまを散らします。
盛りつけに少し余白を作ると、上品な印象に。

作り方 → p.79

How to

PARTS

make

⁚ パーツの作り方 ⁚

ミニチュアお弁当に使用した、おかずやご飯などの作り方を紹介します。
型取りをしておけば、何回も同じパーツを作ることができて便利です。
どんなお弁当にするかイメージを描いて、好きなパーツを選びましょう。

粘土の着色、計量について

粘土は主にアクリル絵具で着色します。
乾燥すると濃くなるので目指す色より薄めに仕上げましょう。
計量はカラースケールがあると便利です。

<着色>

1
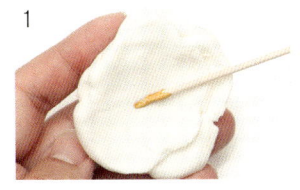

アクリル絵具を楊枝に少量つけ、適当な大きさに広げた粘土の上にのせる。

2

粘土をのばしてたたむ動きをくり返し、全体に色がつくまで混ぜる。

3

混ぜ終わり。
様子を見ながら絵具を少量ずつ加えて色を調整してください。

カラー粘土を使う場合

絵具の量が多いと水っぽくなることがあるので、濃い色にするときはカラー粘土を混ぜてもOK。

カラー粘土と無着色の粘土を貼り合わせ、粘土をのばしてたたむ動きをくり返し、全体に色がつくまでよく混ぜる。

<計量>

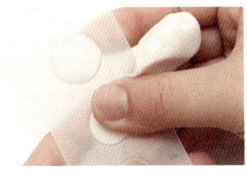

カラースケールのくぼみに粘土を多めに入れ、はみ出た分を指先ですり切る。

カラースケールのくぼみの大きさはA〜Iまであります。

準備に記したアルファベットは計量時に使用するくぼみの大きさです。
カラースケールがない場合は、記載した直径を参考に丸玉を作ってください。

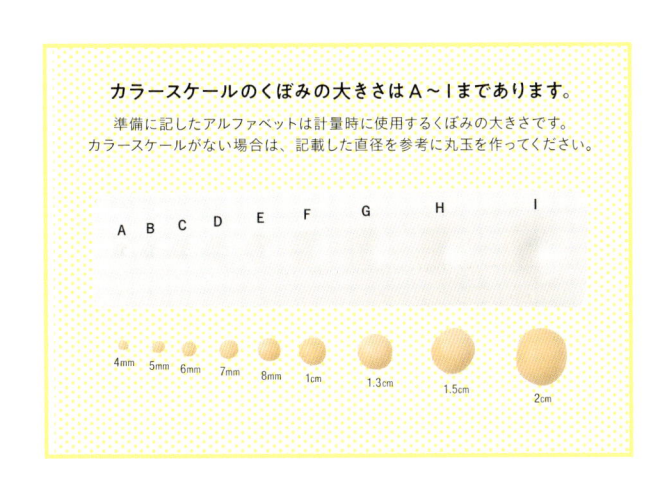

A B C D E F G H I

4mm 5mm 6mm 7mm 8mm 1cm 1.3cm 1.5cm 2cm

型の作り方

何度も登場するパーツは型を作っておくと便利です。
型があれば、粘土を詰めるだけで必要な分をすぐに作れます。
ピーマン (p.30) の型で基本の作り方を紹介します。

材料

造形用パテ (**エポキシ造形パテ〈速硬化タイプ〉**)
シリコーン型取り材 (**シリコーンモールドメーカー**)

作り方

1

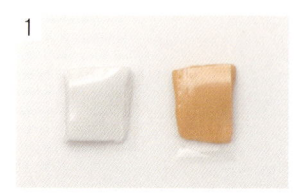

エポキシ造形パテの白い主剤とベージュの硬化剤を 1:1 で取り分ける。

本書の主な作品は約 1cm 幅 ×1.3cm 長さずつを使用 (ご飯類は 2.6cm 長さ)。使用量は作品の大きさに合わせて調整します。

2

ねじりながら、ムラがなくなるまで混ぜ合わせる。

3

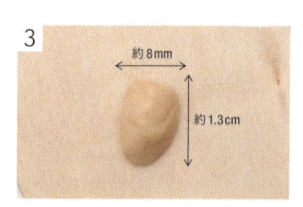

約 8mm

約 1.3cm

土台の上に広げ、ピーマンの形に整える。

エポキシ造形パテは硬化するとくっつくので、木の破片などを土台にして作業しましょう。

4

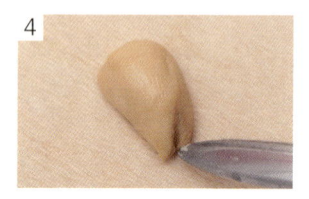

細い方の先端に粘土ヘラ (**ステンレスモデラ**) で筋を入れ、2つに割る。

5

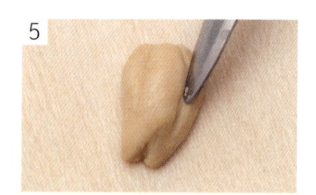

表面に 2 本、筋を描く。

6

原型の完成。5 〜 6 時間おいて硬化させる。

この形が型の元になります。丁寧に質感を表現してください。

7

シリコーンモールドメーカーの 2 材を 1:1 で取り、ムラがなくなるまで混ぜ合わせる。

付属のスプーンだと量が多いので、原型の大きさに合わせて**カラースケール**で計量するとよいでしょう。

8

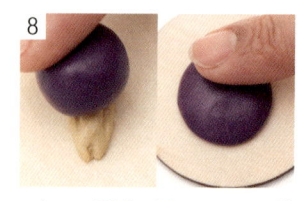

7 を 6 の原型に覆いかぶせ、隙間があかないように、しっかりと密着させる。

シリコーンモールドメーカーは 3 分で硬化がはじまるので、手早く作業します。

9

30 分ほどおいて硬化させ、**シリコーンモールドメーカー**をはがす。型の出来上がり。

から揚げ

材料

樹脂粘土（**グレイス**）

アクリル絵具
（**リキテックス ソフトタイプ**）
　〈**a**●〉トランスペアレントバーントアンバー
　〈**b**●〉トランスペアレントバーントシェンナ

準備

p.27の要領で、粘土を絵具〈**a**●〉で
薄い茶色に着色する。

作り方

1　着色した粘土で直径4mm玉1
　個、直径5mm玉2個を作り、ラ
　フに丸める。
　きれいに丸めなくてOK。1個ずつ違う
　形にします。

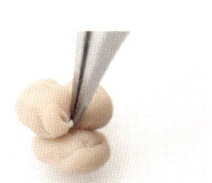

2　1を押しあててくっつけ、ブロッ
　ク状にまとめる。

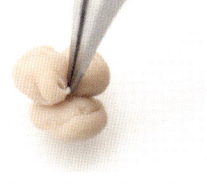

3　楊枝に刺し、スポンジに立てて
　乾燥させる。

4　適当な大きさの粘土を絵具〈**b**
　●〉で薄い茶色に着色し、水で
　溶いてゆるめる。

5　4を3のまわりに塗りつけ、乾燥
　させる。
　厚みがバラバラになるようにラフに塗
　り、衣に見立てます。

6　絵具〈**b**●〉を全体に塗る。
　丸玉のつなぎ目には塗らず、ムラを作り
　ます。絵具が乾いたら楊枝を抜いて。

肉そぼろ

材料

造形用パテ
（**エポキシ造形パテ〈速硬化タイプ〉**）

シリコーン型取り材
（**シリコーンモールドメーカー**）

樹脂粘土（**グレイス**）

アクリル絵具（**リキテックス ソフトタイプ**）
　〈**a**●〉トランスペアレントバーントアンバー

準備

p.27の要領で、粘土を絵具〈**a**●〉で
茶色に着色する。

作り方

1　p.28の1〜2の要領で**エポキシ
　造形パテ**を混ぜ、ピンセットで
　小さくつまんで土台の上にのせ、
　いろいろな大きさ（2〜5mm大）
　や形のかたまりを作る。

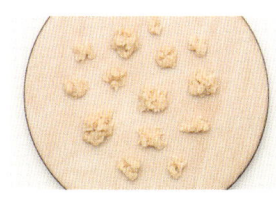

2　5〜6時間おいて硬化させる。

3　p.28の7〜9の要領で**シリコーン
　モールドメーカー**を2にかぶせて
　硬化させ、はがす。型の完成。

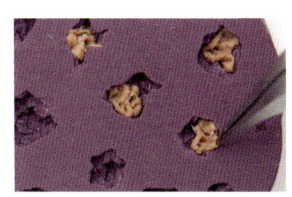

4　着色した粘土をピンセットでつ
　まんで型に詰め、取り出して乾
　燥させる。
　ぎゅうぎゅうに詰めず、隙間があるくら
　いでOK。

ピーマンの
肉詰め

材料

ピーマンの型 (p.28)

樹脂粘土 (**グレイス**)

アクリル絵具
(**リキテックス ソフトタイプ**)
　〈a●〉パーマネントサップグリーン
　〈b●〉トランスペアレントバーントアンバー
　〈c●〉トランスペアレントバーントシェンナ

UVレジン (**太陽の雫 ハードタイプ**)

UVレジン用着色剤 (**宝石の雫**)
　〈オレンジ〉〈ピンク〉〈シアン〉

準備

p.27の要領で、ピーマンは粘土を絵具〈a●〉
で黄緑に着色し、肉は粘土を絵具〈b●〉で
薄い茶色に着色する。

作り方

1 ピーマンの型に黄緑に着色した
粘土を詰め、シュガークラフト用
の細工棒などで中をくぼませる。

5 4の粘土に歯ブラシをあてて質
感を出し、乾燥させる。

2 型から出し、乾燥させる。

6 絵具〈b●〉、〈c●〉を混ぜながら
塗り、焼き色をつける。
ピーマンの皮の縁にも少し焼き色をつ
けます。

3 表面に絵具〈a●〉を塗る。

7 UVレジンにオレンジ、ピンク、
シアンの着色剤を混ぜ、たれを
作る。

4 絵具が乾いたら、くぼみの中に
薄い茶色に着色した肉用の粘土
を詰める。

8 7のたれを塗り、UVライトにあ
ててかためる。

ピーマンの天ぷら　　ミートボール　　肉団子串

ピーマンの天ぷら

材料
ピーマン
（左ページの作り方 3 まで作ったもの）
樹脂粘土（**グレイス**）
アクリル絵具
（**リキテックス ソフトタイプ**）
〈a◯〉イエローオキサイド
UVレジン
（**太陽の雫 ハードタイプ**）

準備　p.27の要領で、粘土を絵具〈a◯〉
で薄い黄色に着色する。

作り方

1　天ぷら衣を作る。着色した粘土
にUVレジンを少しずつ加えてゆ
るめる。

2　ピーマンのまわりに 1 をつけ、U
Vライトにあててかためる。
ところどころに塊を作ったり、楊枝でつ
ついて毛羽立たせたりしてランダムに衣
をつけます。

ミートボール

材料
樹脂粘土（**グレイス**）
アクリル絵具
（**リキテックス ソフトタイプ**）
〈a●〉トランスペアレント
　　　　バーントアンバー
UVレジン（**太陽の雫 ハードタイプ**）
UVレジン用着色剤（**宝石の雫**）
〈オレンジ〉〈ピンク〉〈シアン〉

準備　p.27の要領で、粘土を絵具〈a●〉
で薄い茶色に着色し、カラースケール
B～Cで計量する（直径 5～6mm）。

作り方

1　着色した粘土を丸め、ピンセット
でしわを寄せる。楊枝に刺し、ス
ポンジに立てて乾燥させる。

2　UVレジンにオレンジ、ピンク、シ
アンの着色剤を混ぜ、たれを作る。

3　2 のたれを 1 に塗り、UVライト
にあててかためる。楊枝を抜く。
たれが楊枝につくと抜けないので注意。

肉団子串

材料
樹脂粘土（**グレイス**）
アクリル絵具
（**リキテックス ソフトタイプ**）
〈a●〉トランスペアレント
　　　　バーントアンバー

準備　p.27の要領で、粘土を絵具〈a●〉
で薄い茶色に着色し、1個につきカラー
スケール B～Cで計量する（直径 5
～6mm）。

作り方

ミートボールの作り方 1（左記）
と同様に団子を作り、串に刺す。
乾燥させる。

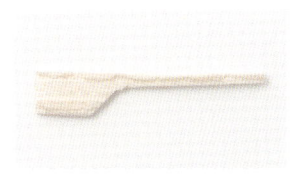

串はホームセンターなどで購入し
た木材を写真のようにカッター
で切り、やすりで削って作る。

ひじき入り 豆腐ハンバーグ

材料

樹脂粘土（**グレイス**）

アクリル絵具（**リキテックス ソフトタイプ**）
〈a●〉イエローオキサイド
〈b●〉トランスペアレントバーントアンバー
〈c●〉トランスペアレントバーントシェンナ

UVレジン（**太陽の雫 ハードタイプ**）

UVレジン用着色剤（**宝石の雫**）
〈オレンジ〉〈ピンク〉〈シアン〉

ひじき煮（p.48）

準備

p.27の要領で、粘土を絵具〈a●〉で薄い黄色に着色し、カラースケール **E** で計量する（直径8mm）。

作り方

1 ひじき煮のパーツをカッターで細かく切る。

2 着色した粘土と1を混ぜる。

3 小判形を作り、乾燥させる。

4 絵具〈b●〉、〈c●〉を混ぜながら塗り、焼き色をつける。

5 UVレジンにオレンジ、ピンク、シアンの着色剤を混ぜ、たれを作る。

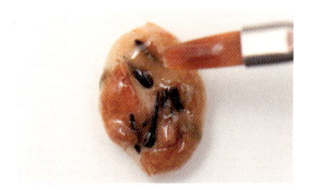

6 5のたれを4に塗り、UVライトにあててかためる。

えびフライ

材料

樹脂粘土（**グレイス**）

カラー粘土（**グレイスカラー きつね色**）

アクリル絵具（**リキテックス ソフトタイプ**）
〈a●〉カドミウムレッドミディアム
〈b●〉ビビッドレッドオレンジ

木工用ボンド

作り方

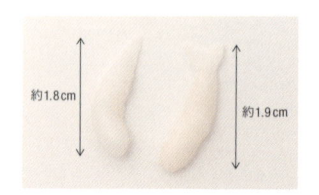

約1.8cm　約1.9cm

1 粘土でえびフライの形を作り、乾燥させる。

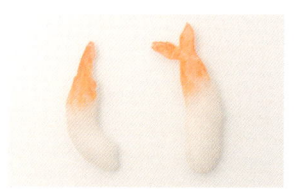

2 絵具〈a●〉、〈b●〉を混ぜ、尻尾側の先端に色を塗る。
あとで衣をつけるので全体に塗らなくてもOK。

3 きつね色のカラー粘土を薄くのばし、楊枝で引っかいて細かくほぐす。

4 2の尻尾以外の部分にボンドを塗り、3を貼りつけ、乾燥させる。
裏面は盛りつけで見えなければ衣をつけなくてOK。

とんかつ
白身魚フライ
コロッケ

材料

樹脂粘土（**グレイス**）

カラー粘土（**グレイスカラー きつね色**）

木工用ボンド

作り方

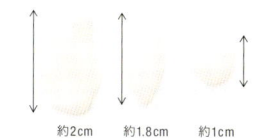

約2cm　　約1.8cm　　約1cm

1 粘土でとんかつ、白身魚、コロッケの形を作り、乾燥させる。

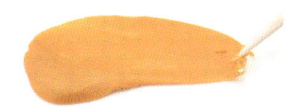

2 きつね色のカラー粘土を薄くのばし、楊枝で引っかいて細かくほぐす。

3 1にボンドを塗り、2を貼りつける。乾燥させる。

楊枝で中心を押さえておくと作業しやすいです。裏面は盛りつけで見えなければ衣をつけなくてOK。

とんかつ卵とじ

材料

とんかつ（上記）

アクリル絵具（**リキテックス ソフトタイプ**）
　〈a●〉ビビッドレッドオレンジ
　〈b●〉カドミウムイエローディープヒュー

UVレジン（**太陽の雫 ハードタイプ**）

UVレジン用着色剤（**宝石の雫**）
　〈オレンジ〉〈イエロー〉〈ホワイト〉

準備

p.27の要領で、粘土を絵具〈a●〉、〈b●〉で黄色に着色する。

作り方

1 とんかつをカッターで切る。

2 卵を作る。着色した粘土にUVレジンを少しずつ加え、ゆるめる。

UVライトに移動しやすいように小さくカットしたクリアファイルの上で作業します。

3 2にオレンジ、イエロー、ホワイトの着色剤を各1滴混ぜる。

UVレジンだけだと乾燥後に透明になるので、着色剤を少し混ぜます。

4 3の卵の上にとんかつをのせる。

5 下に敷いた卵を楊枝ですくい、とんかつの上にランダムにのせる。UVライトにあててかためる。

切り口には卵をかけず、断面を見せます。かつ丼の場合はこれをご飯の上にのせます。

牛すき焼き

準備　p.27 の要領で、粘土を絵具〈a●〉、〈b●〉で薄い茶色に着色する。

材料

造形用パテ
（エポキシ造形パテ〈速硬化タイプ〉）

シリコーン型取り材
（シリコーンモールドメーカー）

樹脂粘土 **（グレイス）**

アクリル絵具
（リキテックス ソフトタイプ）
　〈a●〉トランスペアレントバーントアンバー
　〈b●〉トランスペアレントバーントシェンナ

作り方

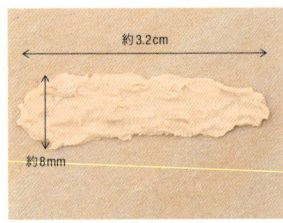

約3.2cm
約8mm

1　p.28 の **1〜2** の要領で**エポキシ造形パテ**を混ぜ、土台の上に広げてピンセットでつまみながら筋を入れ、肉の形を作る。

2　p.28 の **7〜9** の要領で**シリコーンモールドメーカー**をかぶせて硬化させ、型を作る。

3　着色した粘土を薄くのばして型に押しあてる。
型にきれいに詰めず、いろいろな大きさや形を作ります。

4　型から出し、乾燥させる。

5　絵具〈a●〉、〈b●〉を混ぜ、ラフに色を塗る。
牛丼の場合はご飯の上にのせます。

肉巻き

準備　p.27 の要領で、粘土を絵具〈a●〉で薄い茶色に着色する。

材料

牛すき焼きの肉の型（上記）

樹脂粘土 **（グレイス）**

アクリル絵具
（リキテックス ソフトタイプ）
　〈a●〉トランスペアレントバーントアンバー

スティックにんじん （p.54）

さやいんげん （p.55）

作り方

1　牛すき焼きの肉の型に、着色した粘土を詰める。

2　スティックにんじん、さやいんげんを肉の幅に合わせて切り、**1** にのせて端から巻く。乾燥させる。

焼きさけ

材料

樹脂粘土（**グレイス**）

アクリル絵具
（**リキテックス ソフトタイプ**）
〈**a**●〉ビビッドレッドオレンジ
〈**b**●〉カドミウムレッドミディアム
〈**c**〇〉ブライトシルバー
〈**d**●〉ウルトラマリンブルー
〈**e**●〉アイボリーブラック
〈**f**●〉トランスペアレントバーントシェンナ
〈**g**●〉トランスペアレントバーントアンバー

準備

p.27の要領で、粘土を絵具〈**a**●〉、〈**b**●〉でピンクに着色し、カラースケール**H**で計量する（直径1.5cm）。

作り方

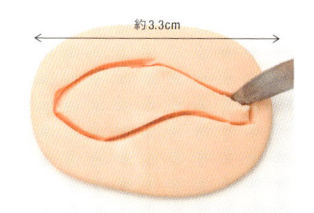

約3.3cm

1　着色した粘土を楕円形にのばし、粘土ヘラ（**ステンレスモデラ**）でさけの形を描き、余分な粘土を取り除く。

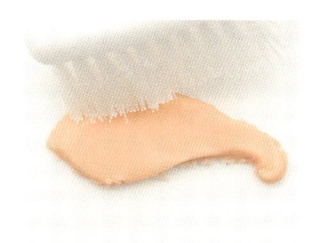

2　皮の部分に歯ブラシをあてて質感をつける。

3　粘土ヘラ（**ステンレスモデラ**）で皮と身の境目に筋を入れる。

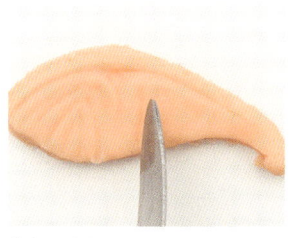

4　背側と腹側に分けて表面に粘土ヘラ（**ステンレスモデラ**）で筋を入れ、乾燥させる。

5　絵具〈**c**〇〉、〈**d**●〉を混ぜながら、皮に塗る。

メイクチップでたたくようにすると、ほどよいグラデーションができてリアルになります。

6　絵具〈**c**〇〉、〈**e**●〉を混ぜながら、重ね塗りをする。

メイクチップは洗わずに色を重ねてOK。

7　絵具〈**e**●〉で背側と腹側の境目に色を塗り、血合いを表現する。

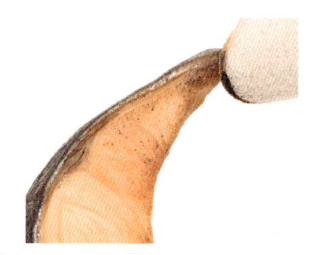

8　絵具〈**f**●〉、〈**g**●〉を混ぜながら、皮と表面のところどころに焼き色をつける。

盛りつけるときに弁当箱の大きさに合わせて切ります。

ぶりの照り焼き

材料

造形用パテ
（**エポキシ造形パテ〈速硬化タイプ〉**）

シリコーン型取り材
（**シリコーンモールドメーカー**）

樹脂粘土（**グレイス**）

アクリル絵具
（**リキテックス ソフトタイプ**）
- 〈**a**●〉ローシェンナ
- 〈**b**○〉ブライトシルバー
- 〈**c**●〉アイボリーブラック
- 〈**d**●〉トランスペアレントバーントシェンナ
- 〈**e**●〉トランスペアレントバーントアンバー

ＵＶレジン（**太陽の雫 ハードタイプ**）

ＵＶレジン用着色剤（**宝石の雫**）
〈オレンジ〉〈ピンク〉〈シアン〉

準備

p.27の要領で、粘土を絵具〈**a**●〉でベージュ
に着色する。

作り方

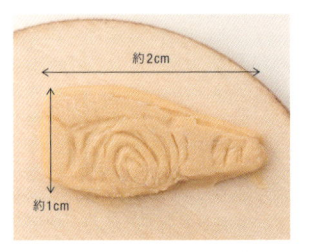

1 p.28の**1〜2**の要領で**エポキシ造形パテ**を混ぜ、土台の上に広げて粘土ヘラ（**ステンレスモデラ**）でぶりの形を描き、余分なパテを取り除いて筋を描く。

2 p.28の**7〜9**の要領で**シリコーンモールドメーカー**をかぶせて硬化させ、型を作る。

3 着色した粘土を型に詰め、型から出して乾燥させる。

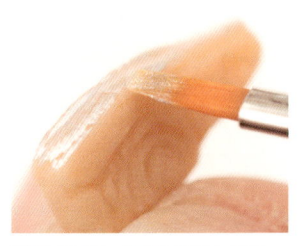

4 絵具〈**b**○〉を皮の部分に塗る。

5 絵具〈**c**●〉を血合いの部分と皮にも少し塗る。

6 絵具〈**d**●〉、〈**e**●〉を混ぜながら表面に塗り、焼き色をつける。メイクチップでたたくようにすると、ほどよいグラデーションができてリアルになります。

7 ＵＶレジンにオレンジ、ピンク、シアンの着色剤を混ぜ、たれを作る。

8 6に塗り、ＵＶライトにあててかためる。

うなぎ

材料

造形用パテ
（**エポキシ造形パテ〈速硬化タイプ〉**）

シリコーン型取り材
（**シリコーンモールドメーカー**）

樹脂粘土（**グレイス**）

アクリル絵具
（**リキテックス ソフトタイプ**）
　〈a●〉イエローオキサイド
　〈b●〉トランスペアレントバーントアンバー
　〈c●〉トランスペアレントバーントシェンナ

ＵＶレジン（**太陽の雫 ハードタイプ**）

ＵＶレジン用着色剤（**宝石の雫**）
　〈オレンジ〉〈ピンク〉〈シアン〉

準備　p.27 の要領で、粘土を絵具〈a●〉で薄い黄色に着色する。

作り方

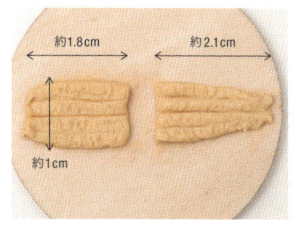

1　p.28 の1〜2の要領で**エポキシ造形パテ**を混ぜ、土台の上に広げて粘土ヘラ（**ステンレスモデラ**）でうなぎの形を描き、余分なパテを取り除いて筋を描く。
横に3本筋を入れてから縦に細かく線を描きます。

2　p.28 の7〜9の要領で**シリコーンモールドメーカー**をかぶせて硬化させ、型を作る。

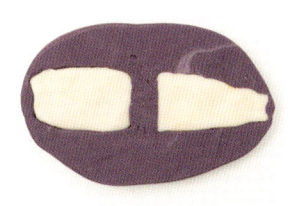

3　着色した粘土を型に詰め、型から出して乾燥させる。

4　絵具〈b●〉、〈c●〉を混ぜながら全体に塗る。

5　ＵＶレジンにオレンジ、ピンク、シアンの着色剤を混ぜ、たれを作る。

6　4に塗り、ＵＶライトにあててかためる。
うな重の場合はご飯の上にうなぎをのせ、たれをかけます。

いくら

材料

粘土（**すけるくん**）

アクリル塗料（**デコレーションカラー**）
　〈オレンジシロップ〉

作り方

1　粘土で直径2〜3mmの丸玉を作り、乾燥させる。
すけるくんは乾燥すると透明感が出ます。

2　オレンジのアクリル塗料を全体に塗る。

えび焼き

材料

造形用パテ
（**エポキシ造形パテ〈速硬化タイプ〉**）

シリコーン型取り材
（**シリコーンモールドメーカー**）

樹脂粘土（**グレイス**）

アクリル絵具
（**リキテックス ソフトタイプ**）
　〈a●〉ビビッドレッドオレンジ
　〈b●〉カドミウムレッドミディアム
　〈c●〉アイボリーブラック

木工用ボンド

作り方

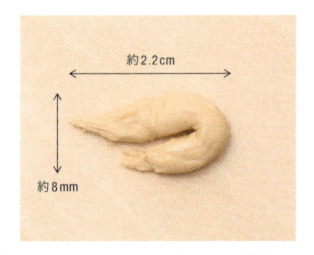

約2.2cm
約8mm

1　p.28 の1〜2の要領で**エポキシ造形パテ**を混ぜ、土台の上に広げて粘土ヘラ（**ステンレスモデラ**）でえびの形を作り、頭と尻尾に筋を入れる。

2　p.28 の7〜9の要領で**シリコーンモールドメーカー**をかぶせて硬化させ、型を作る。

3　型に粘土を詰め、型から出して乾燥させる。

4　粘土を適当な長さに細くのばし、3本ほど作り、1〜2時間おいて半乾きにする。

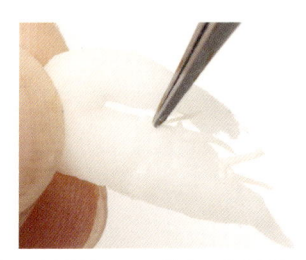

5　4を短く切って、触角2本と足2本くらいをボンドで3に貼りつける。乾燥させる。

6　絵具〈a●〉、〈b●〉を混ぜながら全体に塗る。
縞模様になるように濃淡をつけるのがコツ。

7　粘土を小さく丸めて目を作り、ボンドで貼りつけ、乾燥させる。

8　絵具〈c●〉で目を塗る。

えびの天ぷら

材料

樹脂粘土 **（グレイス）**

アクリル絵具
（リキテックス ソフトタイプ）
　〈a●〉カドミウムレッドミディアム
　〈b●〉ビビッドレッドオレンジ
　〈c●〉イエローオキサイド

UVレジン
（太陽の雫 ハードタイプ）

準備　p.27の要領で、粘土をカラースケール **E**で計量する（直径8mm）。

作り方

1　計量した粘土でえびの形を作り、乾燥させる。絵具〈a●〉、〈b●〉を混ぜながら全体に塗る。
縞模様になるように濃淡をつけるのがコツ。

2　ピーマンの天ぷらの作り方1（p.31）の要領で天ぷら衣を作り、1のまわりにつける。UVライトにあててかためる。
ところどころに塊を作ったり、楊枝で毛羽立たせたりしてランダムに衣をつけます。

しそ

材料

造形用パテ
（エポキシ造形パテ〈速硬化タイプ〉）

シリコーン型取り材
（シリコーンモールドメーカー）

樹脂粘土 **（グレイス）**

アクリル絵具
（リキテックス ソフトタイプ）
　〈a●〉パーマネント
　　　　サップグリーン

準備　p.27の要領で、粘土を絵具〈a●〉で緑色に着色する。

しその天ぷら

材料

しそ（上記）

樹脂粘土 **（グレイス）**

アクリル絵具
（リキテックス ソフトタイプ）
　〈a●〉イエローオキサイド

UVレジン
（太陽の雫 ハードタイプ）

作り方

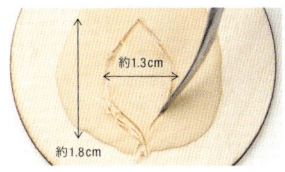

1　p.28の1〜2の要領で**エポキシ造形パテ**を混ぜ、土台の上に広げて粘土ヘラ **（ステンレスモデラ）** でしその形を描き、余分なパテを取り除く。

2　粘土ヘラ **（ステンレスモデラ）** で縁に切り込みを入れる。葉脈を描き、原型の完成。

3　p.28の7〜9の要領で**シリコーンモールドメーカー**をかぶせて硬化させ、型を作る。着色した粘土を型に詰め、型から出し、乾燥させる。

作り方

ピーマンの天ぷらの作り方1（p.31）の要領で天ぷら衣を作り、しそのまわりにつける。UVライトにあててかためる。
ところどころに塊を作ったり、楊枝で毛羽立たせたりしてランダムに衣をつけます。

ちくわの煮物

材料

樹脂粘土 （**グレイス**）

アクリル絵具
（**リキテックス ソフトタイプ**）
　〈a●〉 イエローオキサイド
　〈b●〉 トランスペアレントバーントアンバー
　〈c●〉 トランスペアレントバーントシェンナ

準備

p.27 の要領で、粘土を絵具〈a●〉で
薄い黄色に着色し、カラースケール
Dで計量する（直径 7mm）。

作り方

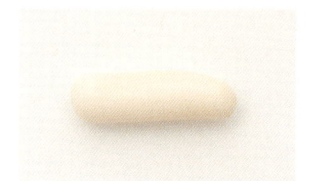

1　着色した粘土を 2.5cm 長さの棒
　状にのばす。

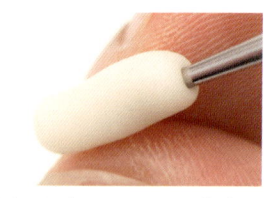

2　粘土ヘラ（**ステンレスモデラ**）で
　穴をあけ、筒状にする。

　モデラを回転させながら少しずつ穴をあ
　けます。モデラの太い部分にきたら、一
　度抜いて反対側から再び差し込みます。

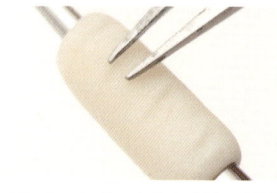

3　ピンセットでつまみながら1周回
　転させて3カ所ほどしわを寄せ、
　乾燥させる。

4　絵具〈b●〉、〈c●〉を混ぜながら
　塗り、焼き色をつける。

　膨らみの部分に色を塗り、縞模様になる
　ように濃淡をつけます。

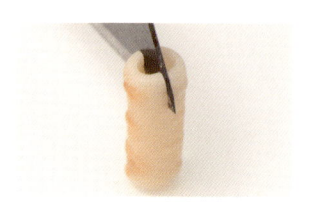

5　カッターで縦半分に切る。

ちくわの
磯辺揚げ

材料

ちくわの煮物（上記）

カラー粘土（**グレイスカラー グリーン**）

樹脂粘土（**グレイス**）

アクリル絵具
（**リキテックス ソフトタイプ**）
　〈a●〉 イエローオキサイド

UVレジン（**太陽の雫 ハードタイプ**）

作り方

1　緑のカラー粘土を適当な大きさ
　に丸めて乾燥させ、デザインナ
　イフで削って青のりを作る。

2　ピーマンの天ぷらの作り方1
　（p.31）の要領で天ぷら衣を作り、
　1を混ぜる。

3　縦半分に切ったちくわの煮物の
　まわりに2をつけ、UVライトに
　あててかためる。

　衣はところどころに塊を作ったり、楊枝
　で毛羽立たせたり、ランダムにつけます。

かにかま

材料

樹脂粘土（**グレイス**）

アクリル絵具
（**リキテックス ソフトタイプ**）
〈a●〉カドミウムレッド
ミディアム

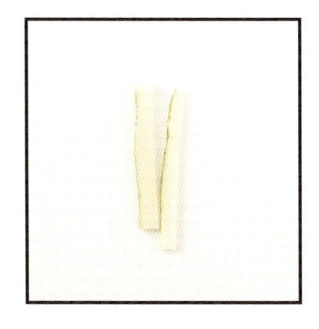

きゅうり

材料

樹脂粘土（**グレイス**）

アクリル絵具
（**リキテックス ソフトタイプ**）
〈a●〉イエローオキサイド
〈b●〉パーマネント
サップグリーン

準備 p.27の要領で、粘土を絵具〈a●〉
で薄い黄色に着色し、カラースケール
Fで計量する（直径1cm）。

ちくわかにかま
ちくわきゅうり

材料

ちくわの煮物（左ページ）

かにかま（右記）

きゅうり（右記）

作り方

ちくわの穴にスティック状に切っ
たかにかま、きゅうりを入れる。
はみ出たらカッターで切る。

作り方

1 粘土を2.5cm長さの棒状にのば
し、乾燥させる。

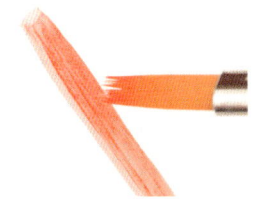

2 端を切り落とし、片面に線を描
くようにして絵具〈a●〉を塗る。
好みの長さに切る。
白い部分を残し、ラフに塗ります。

作り方

1 着色した粘土を3.5cm長さの棒
状にのばし、ピンセットでつまん
でしわを寄せる。乾燥させる。

2 絵具〈b●〉を線を描くように塗
る。カッターで棒状に切る。
色ムラがあり、地色が見えてもOK。

さつまいもの煮物

さつまいもの天ぷら

かぼちゃの天ぷら

材料

樹脂粘土（**グレイス**）

アクリル絵具
（**リキテックス ソフトタイプ**）
〈a●〉リキテックスイエロー

アクリル絵具
（**ターナー ジャパネスクカラー**）
〈b●〉えんじ色

準備 p.27の要領で、粘土を絵具〈a●〉で薄い黄色に着色し、カラースケールHで計量する（直径1.5cm）。

作り方

1 着色した粘土を4.5cm長さの棒状にのばし、乾燥させる。絵具〈b●〉を全体に塗る。

2 カッターで輪切りにし、表面に絵具〈a●〉を縁から内側に向かって塗る。

縁をやや濃くして色ムラを作り、煮た質感を出します。割り箸に両面テープを貼って粘土を固定させると作業しやすいです。

材料

さつまいもの煮物（左記）

樹脂粘土（**グレイス**）

アクリル絵具
（**リキテックス ソフトタイプ**）
〈a●〉イエローオキサイド

UVレジン
（**太陽の雫 ハードタイプ**）

作り方

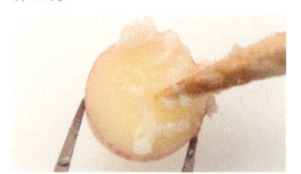

ピーマンの天ぷらの作り方1（p.31）の要領で天ぷら衣を作り、さつまいものまわりにつける。UVライトにあててかためる。

ところどころに塊を作ったり、楊枝で毛羽立たせたりしてランダムに衣をつけます。

材料

樹脂粘土（**グレイス**）

アクリル絵具
（**リキテックス ソフトタイプ**）
〈a●〉ビビッドレッドオレンジ
〈b●〉パーマネント
　　　サップグリーン
〈c●〉イエローオキサイド

UVレジン
（**太陽の雫 ハードタイプ**）

準備 p.27の要領で、粘土を絵具〈a●〉でオレンジに着色し、カラースケールDで計量する（直径7mm）。

作り方

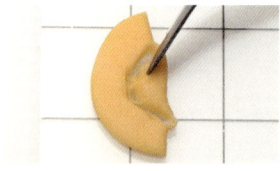

1 着色した粘土を直径1.5cmの円形にのばしてカッターで半分に切り、粘土ヘラ（**ステンレスモデラ**）で真ん中を取り除いてくし形にする。乾燥させる。

定規などの上に置くと、手で持って定規ごと向きを変えながら作業できます。

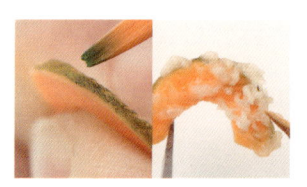

2 皮になる側面を絵具〈b●〉で塗る。ピーマンの天ぷらの作り方1（p.31）の要領で天ぷら衣を作り、かぼちゃのまわりにつける。UVライトにあててかためる。

ところどころに塊を作ったり、楊枝で毛羽立たせたりしてランダムに衣をつけます。

しいたけの煮物

材料

樹脂粘土（**グレイス**）

アクリル絵具（**リキテックス ソフトタイプ**）
　〈**a**●〉イエローオキサイド
　〈**b**●〉トランスペアレントバーントアンバー

木工用ボンド

準備　p.27の要領で、粘土を絵具〈**a**●〉で薄い黄色に着色し、傘はカラースケール**C**（直径6mm）、軸は**B**（直径5mm）で計量する。

作り方

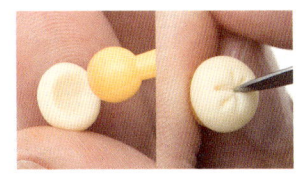

1　着色した傘用の粘土で丸玉を作り、シュガークラフト用の細工棒などで押してくぼみを作る。表側に粘土ヘラ（**ステンレスモデラ**）で縦に1本、斜めに2本、切り込みを入れ、乾燥させる。

2　着色した軸用の粘土を棒状にのばし、ボンドで **1** の裏側に貼りつけ、好きな長さにはさみで切る。

3　傘の表側に絵具〈**b**●〉を塗る。

切り込みの中には色をつけず、メイクチップでたたくようにすると、ほどよいグラデーションができてリアルになります。

しいたけの天ぷら

材料

しいたけの煮物（上記）

樹脂粘土（**グレイス**）

アクリル絵具
（**リキテックス ソフトタイプ**）
　〈**a**●〉イエローオキサイド

UVレジン
（**太陽の雫 ハードタイプ**）

作り方

ピーマンの天ぷらの作り方**1**（p.31）の要領で天ぷら衣を作り、しいたけのまわりにつける。UVライトにあててかためる。

傘の裏側を中心に衣をつけます。ところどころに塊を作ったり、楊枝で毛羽立たせたりしてランダムに。

スライス
しいたけ

材料

造形用パテ
（**エポキシ造形パテ〈速硬化タイプ〉**）

シリコーン型取り材
（**シリコーンモールドメーカー**）

樹脂粘土（**グレイス**）

アクリル絵具（**リキテックス ソフトタイプ**）
　〈**a**●〉トランスペアレントバーントアンバー

準備　p.27の要領で、粘土を絵具〈**a**●〉で薄い茶色に着色する。

作り方

約9mm　約5mm

1　p.28の**1〜2**の要領でエポキシ造形パテを混ぜ、土台の上に広げて粘土ヘラ（**ステンレスモデラ**）でしいたけの形を描き、余分なパテを取り除く。

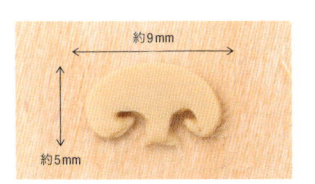

2　p.28の**7〜9**の要領で**シリコーンモールドメーカー**をかぶせて硬化させ、型を作る。着色した粘土を型に詰め、型から出して乾燥させる。

3　縁と上部に絵具〈**a**●〉を塗る。

れんこんの甘酢漬け

れんこんの煮物

れんこんのきんぴら

材料

樹脂粘土（**グレイス**）

準備 p.27の要領で、粘土をカラースケール**C**で計量する（直径6mm）。

作り方

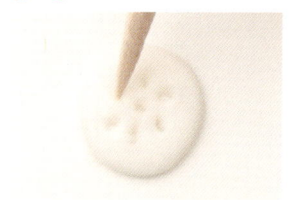

1 粘土を直径1cmの円形にのばし、楊枝で穴をあける。

中心の穴は丸くし、まわりの穴は形や大きさをバラバラにします。

2 デザインナイフでV字に切り込みを入れ、花形にする。

穴と穴の間に切り込みを入れます。

3 花びらの長さを切り揃え、形を整える。乾燥させる。

材料

樹脂粘土（**グレイス**）

アクリル絵具
（**リキテックス ソフトタイプ**）
〈a●〉トランスペアレント
　　　バーントアンバー

準備 p.27の要領で、粘土を絵具〈a●〉で薄い茶色に着色し、カラースケール**C**で計量する（直径6mm）。

作り方

着色した粘土を直径7〜8mmの円形にのばし、れんこんの甘酢漬け（左記）と同様に楊枝で穴をあけ、花形に切る。乾燥させる。

甘酢漬けよりも厚みを出します。

材料

樹脂粘土（**グレイス**）

アクリル絵具
（**リキテックス ソフトタイプ**）
〈a●〉トランスペアレント
　　　バーントアンバー

準備 p.27の要領で、粘土を絵具〈a●〉で薄い茶色に着色する。1枚につきカラースケール**C**で計量する（直径6mm）。

作り方

れんこんの甘酢漬け（左記）と同様に着色した粘土を丸くのばし、楊枝で穴をあける。乾燥させる。

盛りつけに合わせ、好みの枚数を作ってください。

れんこん
肉挟み焼き

材料

れんこんのきんぴら（左ページ）

樹脂粘土（**グレイス**）

アクリル絵具
（**リキテックス ソフトタイプ**）
　〈**a ●**〉トランスペアレントバーントアンバー
　〈**b ●**〉トランスペアレントバーントシェンナ

UVレジン（**太陽の雫 ハードタイプ**）

UVレジン用着色剤（**宝石の雫**）
　〈オレンジ〉〈ピンク〉〈シアン〉

準備

p.27の要領で、粘土を絵具〈**a ●**〉で薄い茶色に着色し、カラースケール**D**で計量する（直径7mm）。

作り方

1　れんこんのきんぴらを2枚用意する。

2　着色した粘土を丸めてれんこん1枚の上にのせ、上からもう1枚をかぶせる。

3　ピンセットで押さえて形を整える。

4　歯ブラシをあてて肉の部分に質感をつけ、乾燥させる。

5　絵具〈a ●〉、〈b ●〉を混ぜながら塗り、全体に焼き色をつける。
れんこん全体と肉の部分に焼き色をつけます。

6　UVレジンにオレンジ、ピンク、シアンの着色剤を混ぜ、たれを作る。

7　5に塗り、UVライトにあててかためる。

れんこんの
天ぷら

材料

れんこんのきんぴら（左ページ）

樹脂粘土（**グレイス**）

アクリル絵具
（**リキテックス ソフトタイプ**）
　〈**a ●**〉イエローオキサイド

UVレジン（**太陽の雫 ハードタイプ**）

作り方

ピーマンの天ぷらの作り方1（p.31）の要領で天ぷら衣を作り、れんこんのまわりにつける。UVライトにあててかためる。

ところどころに塊を作ったり、楊枝で毛羽立たせたりしてランダムに衣をつけます。

大根の煮物

里いもの煮物

豆

材料
粘土（すけるくん）
アクリル絵具
（**リキテックス ソフトタイプ**）
〈a●〉イエローオキサイド

準備 p.27の要領で、粘土を絵具〈a●〉
で薄い黄色に着色し、カラースケール
Fで計量する（直径1cm）。
すけるくんは乾燥すると色が濃くなるの
で注意。イメージよりも薄めに着色します。

材料
樹脂粘土（**グレイス**）
アクリル絵具
（**リキテックス ソフトタイプ**）
〈a●〉トランスペアレント
バーントアンバー

準備 p.27の要領で、粘土を絵具〈a●〉
で薄い茶色に着色し、カラースケール
Cで計量する（直径6mm）。

材料
樹脂粘土（**グレイス**）
アクリル絵具
（**リキテックス ソフトタイプ**）
〈a●〉イエローオキサイド
〈b●〉パーマネント
グリーンライト

準備 p.27の要領で、粘土を絵具〈a●〉、
〈b●〉で黄緑に着色する。

作り方

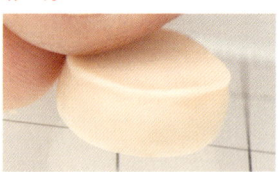

1 着色した粘土を円形にし、指で
つまんで縁を立てる。
定規などの上に置くと、手で持って定規
ごと向きを変えながら作業できます。

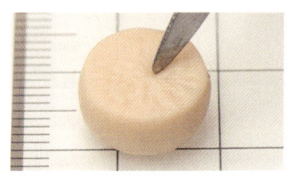

2 粘土ヘラ（**ステンレスモデラ**）で
放射状に細かく筋を入れる。

3 中央にデザインナイフで十字に
切り込みを入れ、乾燥させる。
弁当箱に合わせ、好みの大きさにカット
します。

作り方

1 着色した粘土を楕円に丸め、乾
燥させる。

2 カッターで両端を切り落とし、側
面を縦に切って丸みを落とす。

作り方

着色した粘土を直径3mmの楕円
に丸める。好みの数を作り、串
に刺して乾燥させる。

串はホームセンターなどで購入し
た木材を写真のようにカッター
で細く切り、やすりで削って作る。

こんにゃく

材料

粘土（**すけるくん**）

カラー粘土（**グレイスカラー ブラック**）

アクリル絵具
（**リキテックス ソフトタイプ**）
　〈a●〉アイボリーブラック

準備

p.27の要領で、粘土（**すけるくん**）を絵具〈a●〉
でグレーに着色し、カラースケール**H**で計量
する（直径1.5cm）。
すけるくんは乾燥すると色が濃くなるので注
意。イメージよりも薄めに着色します。

作り方

1　黒のカラー粘土を適当な大きさ
　に丸めて乾燥させ、デザインナ
　イフで削る。

2　着色した粘土に1を混ぜる。
　黒い粒が表面に見えるくらいに混ぜな
　がら量を調整します。

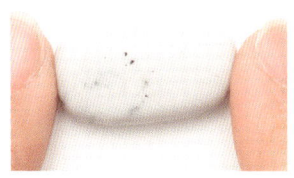

3　2.5cm長さのブロック状に成形
　し、乾燥させる。
　三角の場合は完全に乾燥させ、手綱の
　場合は成形しやすいように2〜3日ほど
　おいて半乾きにします。

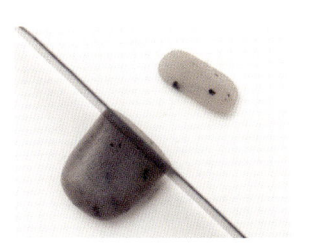

4　カッターでスライスし、四辺を切
　り落として角を作る。
　三角は厚めに、手綱は薄めにスライス
　します。

5　三角

カッターで三角形に切り、デザ
インナイフで斜めに格子状の切り
目を入れる。

手綱

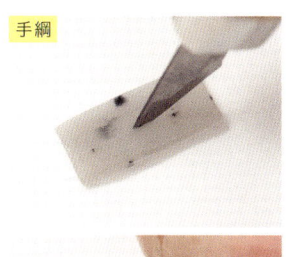

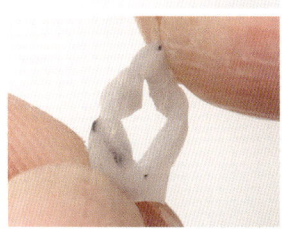

デザインナイフで真ん中に1本
切り目を入れ、穴の中にどちら
かの先端をくぐらせてねじる。
粘土が乾きすぎると、ねじったときに白
くなってしまうので注意。

ひじき煮

材料

カラー粘土（**グレイスカラー ブラック**）

樹脂粘土（**グレイス**）

アクリル絵具（**リキテックス ソフトタイプ**）
　〈**a●**〉イエローオキサイド
　〈**b●**〉パーマネントサップグリーン

にんじん（p.54）

準備

p.27の要領で、下記のように着色する。
大豆：粘土を絵具〈**a●**〉で薄い黄色に着色する。
枝豆：粘土を絵具〈**b●**〉で黄緑に着色する。
油揚げ：粘土を絵具〈**a●**〉で薄い黄色に着色し、カラースケール**B**で計量する（直径 5mm）。

作り方

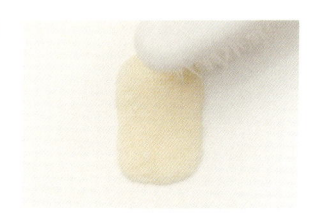

1　油揚げを作る。着色した粘土を1.5cm×8mmの長方形にのばし、歯ブラシをあてて質感をつける。

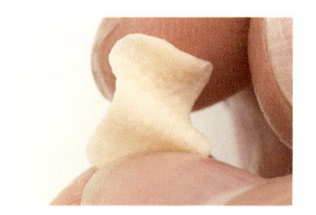

2　カーブをつけ、乾燥させる。

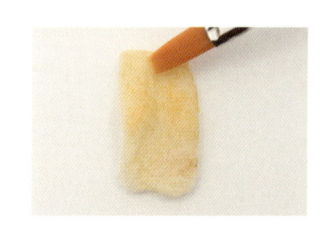

3　表面のところどころに絵具〈**a●**〉を塗り、カッターで細長く切る。

4　ひじきは黒のカラー粘土を6mm〜1cm長さにのばし、にんじんも同じくらいの長さで用意する。大豆と枝豆は着色した粘土で横2mmくらいの楕円粒を作る。

弁当箱に盛りつけるときにボンドをパーツにつけ、バランスよく貼り合わせます。

きんぴらごぼう

材料

樹脂粘土（**グレイス**）

アクリル絵具（**リキテックス ソフトタイプ**）
　〈**a●**〉トランスペアレントバーントアンバー

にんじん（p.54）

準備

p.27の要領で、粘土を絵具〈**a●**〉で薄い茶色に着色する。

作り方

1　着色した粘土を適当な長さの棒状にのばし、乾燥させる。

2　カッターで斜め薄切りにし、デザインナイフでさらにせん切りにする。

3　にんじんのせん切りを用意し、2と混ぜる。

4　絵具〈**a●**〉をたたくようにして全体にランダムに塗る。

弁当箱に盛りつけるときにボンドをパーツにつけ、バランスよく貼り合わせます。

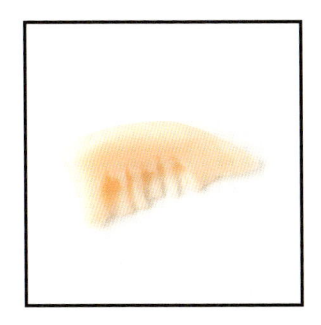

たけのこ

炒り卵

錦糸卵

材料

樹脂粘土（**グレイス**）

アクリル絵具
（**リキテックス ソフトタイプ**）
〈a●〉ローシェンナ

準備　p.27の要領で、粘土を絵具〈a●〉
でベージュに着色し、カラースケール
Cで計量する（直径6mm）。

材料

樹脂粘土（**グレイス**）

アクリル絵具
（**リキテックス ソフトタイプ**）
〈a●〉ビビッドレッドオレンジ
〈b●〉カドミウムイエロー
　　　　　ディープヒュー

UVレジン
（**太陽の雫 ハードタイプ**）

UVレジン用着色剤（**宝石の雫**）
〈オレンジ〉〈イエロー〉〈ホワイト〉

準備　p.27の要領で、粘土を絵具〈a
●〉、〈b●〉で黄色に着色する。

材料

樹脂粘土（**グレイス**）

アクリル絵具
（**リキテックス ソフトタイプ**）
〈a●〉ビビッドレッドオレンジ
〈b●〉カドミウムイエロー
　　　　　ディープヒュー

準備　p.27の要領で、粘土を絵具〈a
●〉、〈b●〉で黄色に着色し、カラース
ケール Fで計量する（直径1cm）。

作り方

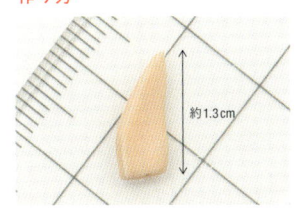

約1.3cm

1　着色した粘土でくし形を作り、た
けのこの形に整える。
定規などの上に置くと、手で持って定規
ごと向きを変えながら作業できます。

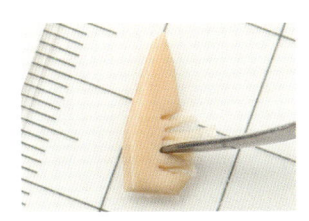

2　粘土ヘラ（**ステンレスモデラ**）でサ
イドに細かく切り込みを入れ、余
分な粘土を取り除き、乾燥させる。
盛りつけに合わせ、好みの大きさにカッ
トします。

作り方

1　着色した粘土にUVレジンを混ぜ、
ゆるめる。
UVライトに移動しやすいように小さくカッ
トしたクリアファイルの上で作業します。

2　1にオレンジ、イエロー、ホワイト
の着色剤を各1滴混ぜ、形を整え
る。UVライトにあててかためる。
UVレジンだけだと乾燥後に透明になる
ので、着色剤を少し混ぜます。

作り方

1　着色した粘土を薄くのばし、歯
ブラシで質感をつける。半日ほ
ど乾燥させる。
分量の粘土で数枚作れます。

2　はさみで細く切る。

卵焼き

材料

造形用パテ
（**エポキシ造形パテ〈速硬化タイプ〉**）

シリコーン型取り材
（**シリコーンモールドメーカー**）

樹脂粘土（**グレイス**）

アクリル絵具
（**リキテックス ソフトタイプ**）
　〈**a**●〉カドミウムイエローディープヒュー
　〈**b**●〉ビビッドレッドオレンジ
　〈**c**●〉トランスペアレントバーントアンバー

準備

p.27の要領で、粘土を絵具〈**a**●〉、〈**b**●〉で
黄色に着色する。

作り方

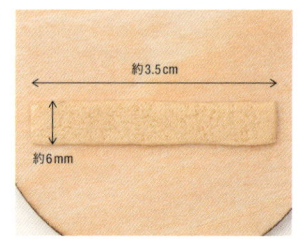

1　p.28の1〜2の要領で**エポキシ造形パテ**を混ぜ、土台の上に長方形に広げて歯ブラシで質感をつけ、カッターで四辺を切り落とす。

2　p.28の7〜9の要領で**シリコーンモールドメーカー**をかぶせて硬化させ、型を作る。

3　着色した粘土を型に詰める。

4　絵具〈**c**●〉を縁に塗り、薄く焼き色をつける。

5　端から巻く。

6　うず巻きの上に歯ブラシで質感をつけ、形を整える。乾燥させる。

具材入り

上記と同様に作り、作り方5で上に切り揃えた具材パーツ（写真はかにかまときゅうり）をのせて巻く。歯ブラシで質感をつけ、乾燥させる。

材料　　　卵焼き（左ページ）　　　木工用ボンド

作り方

1　乾燥させた卵焼きを斜め半分に切る。

2　片方を左右反転させてハート形を作り、ボンドで貼りつける。

ハート形卵焼き

ゆで卵

作り方

1　**シリコーンモールドメーカー**で直径3〜4mmの丸玉を作る。

4　粘土に絵具〈b●〉を混ぜて黄身の色を作り、UVレジンと混ぜ、ゆるめる。

材料

シリコーン型取り材
（**シリコーンモールドメーカー**）

樹脂粘土（**グレイス**）

アクリル絵具
（**リキテックス ソフトタイプ**）
　〈a○〉チタニウムホワイト
　〈b●〉ビビッドレッドオレンジ

UVレジン
（**太陽の雫 ハードタイプ**）

2　着色した粘土で1を包んで卵の形を作り、乾燥させる。

5　3の中に4を入れる。

準備

p.27の要領で、粘土に絵具〈a○〉を混ぜ、カラースケールD〜Eで計量する（直径7〜8mm）。
粘土は乾燥後、透明感が出るので白い絵具を混ぜます。

3　カッターで好みの方向に半分に切り、楊枝で中の**シリコーンモールドメーカー**を取り出す。
写真は縦半分に切ったもので解説。左の完成写真は横半分に切っています。

6　表面は平らにせず、粘土ヘラ（**ステンレスモデラ**）でさわって凹凸を作る。UVライトにあててかためる。

ウインナー

たこさん
ウインナー

チーズ

材料
樹脂粘土（**グレイス**）
アクリル絵具
（**リキテックス ソフトタイプ**）
〈a●〉トランスペアレント
バーントシェンナ

準備 p.27の要領で、粘土を絵具〈a●〉
でだいだい色に着色し、カラースケール
B〜Cで計量する（直径5〜6mm）。

作り方

1 着色した粘土を1.2cm長さのウイ
ンナー形にのばす。

2 両端をピンセットでつまむ。

3 デザインナイフで斜めに格子状
の切り目を4〜5本入れ、乾燥さ
せる。

材料
樹脂粘土（**グレイス**）
アクリル絵具
（**リキテックス ソフトタイプ**）
〈a●〉トランスペアレント
バーントシェンナ

準備 p.27の要領で、粘土を絵具〈a●〉
でだいだい色に着色し、カラースケール
B〜Cで計量する（直径5〜6mm）。

作り方

1 ウインナーの作り方**1**（左記）と同
様にのばし、10分ほど乾燥させる。

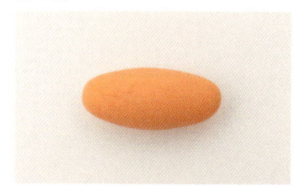

2 はさみで下半分に切り込みを入
れ、8等分にする。
最初に4等分に切り込みを入れてから、
それぞれを半分に切ります。

3 粘土ヘラ（**ステンレスモデラ**）で切
り込みを開いてカールさせ、動き
を出す。乾燥させる。

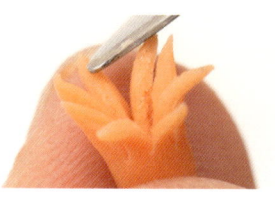

材料
造形用パテ
（**エポキシ造形パテ〈速硬化タイプ〉**）
シリコーン型取り材
（**シリコーンモールドメーカー**）
樹脂粘土（**グレイス**）
アクリル絵具
（**リキテックス ソフトタイプ**）
〈a●〉イエローオキサイド

準備 p.27の要領で、粘土を絵具〈a●〉
で薄い黄色に着色する。

作り方

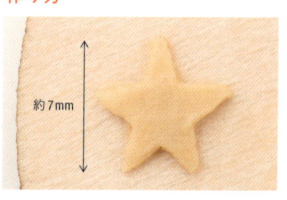

約7mm

1 p.28の**1〜2**の要領で**エポキシ
造形パテ**を混ぜ、土台の上に広
げて粘土ヘラ（**ステンレスモデ
ラ**）で星の形を描き、余分なパテ
を取り除く。

2 p.28の**7〜9**の要領で**シリコーン
モールドメーカー**をかぶせて硬化
させ、型を作る。着色した粘土
を型に詰める。型から出し、乾
燥させる。

ハム

材料

造形用パテ
（エポキシ造形パテ〈速硬化タイプ〉）

シリコーン型取り材
（シリコーンモールドメーカー）

樹脂粘土（グレイス）

アクリル絵具
（リキテックス ソフトタイプ）
　〈a●〉カドミウムレッドミディアム

準備

p.27の要領で、粘土を絵具〈a●〉でピンクに
着色する。花形はカラースケールCで計量
する（直径6mm）。

作り方　星形

チーズ（左ページ）と同様に作る。

桜形

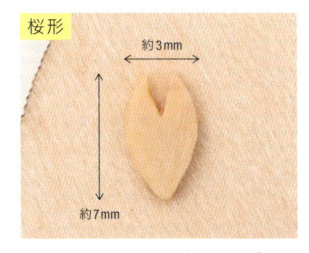

約3mm

約7mm

1　p.28の1〜2の要領で**エポキシ造形パテ**を混ぜ、土台の上に広げて粘土ヘラ（**ステンレスモデラ**）で桜の花びらの形を描き、余分なパテを取り除く。

2　p.28の7〜9の要領で**シリコーンモールドメーカー**をかぶせて硬化させ、型を作る。

3　着色した粘土を型に詰める。型から出し、乾燥させる。

花形

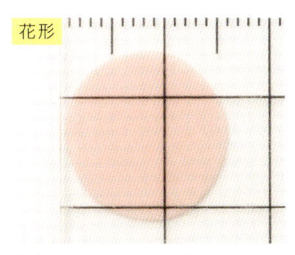

1　着色した粘土を薄く丸くのばす。

2　半分にふんわりと折りたたみ、30分〜1時間ほど乾燥させる。

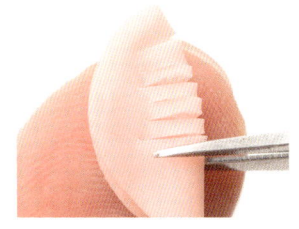

3　折り目側にはさみで細かく切り込みを入れる。

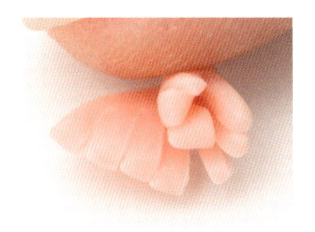

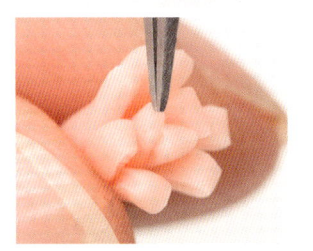

4　端から巻き、ピンセットで開いて形を整える。

にんじん

材料

造形用パテ
（エポキシ造形パテ〈速硬化タイプ〉）

シリコーン型取り材
（シリコーンモールドメーカー）

樹脂粘土（**グレイス**）

アクリル絵具
（リキテックス ソフトタイプ）
　〈a●〉ビビッドレッドオレンジ
　〈b●〉カドミウムレッドミディアム

準備

p.27の要領で、粘土を絵具〈a●〉、〈b●〉でオレンジに着色する。花形はカラースケール **D** で計量し（直径7mm）、スティック、せん切りはカラースケール **G** で計量する（直径1.3cm）。

作り方

スティック、せん切り

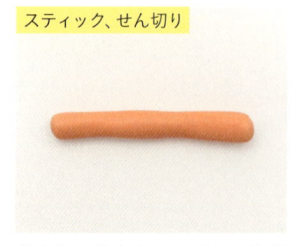

1 着色した粘土を5cm長さの棒状にのばし、乾燥させる。

2 カッターでせん切りやスティック状に切る。

花形

1 着色した粘土を平らにつぶして直径1.2cmの円形にし、カッターで五角形に切る。
定規などの上に置くと、向きを変えながら作業できて便利です。

2 回転させながら、カッターでそれぞれの辺の真ん中にＶ字に切り込みを入れる。

3 粘土ヘラ（**ステンレスモデラ**）で角に丸みをつけ、花形に整える。乾燥させる。

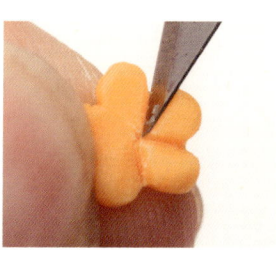

4 デザインナイフで花びらの間に筋を入れ、筋に沿って斜めにＶ字の切り込みを入れる。

紅葉

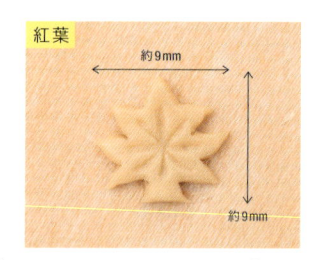

1 p.28の1〜2の要領で**エポキシ造形パテ**を混ぜ、土台の上に広げて粘土ヘラ（**ステンレスモデラ**）で紅葉の形を描き、余分なパテを取り除く。
最初に丸を描き、まわりをギザギザにして紅葉の形にし、葉脈を描きます。

2 p.28の7〜9の要領で**シリコーンモールドメーカー**をかぶせて硬化させ、型を作る。

3 着色した粘土を型に詰める。型から出し、乾燥させる。

にんじんラペ

材料

にんじんのせん切り（左ページ）
玉ねぎ（p.58）

作り方

にんじんと玉ねぎのパーツを用意
し、混ぜる。

弁当箱に盛りつけるときにボンドをパー
ツにつけ、バランスよく貼り合わせます。

焼きじゃがいも

材料

樹脂粘土（**グレイス**）

アクリル絵具
（**リキテックス ソフトタイプ**）
　〈a●〉イエローオキサイド
　〈b●〉ローシェンナ
　〈c●〉トランスペアレント
　　　　　バーントアンバー

木工用ボンド

準備

p.27の要領で、粘土を絵具〈a●〉
で薄い黄色に着色し、カラースケ
ールHで計量する（直径1.5cm）。

作り方

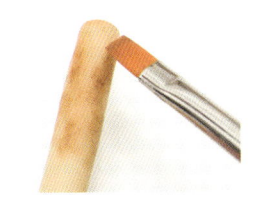

1 着色した粘土を4.5cm長さの棒状
にのばし、乾燥させる。絵具〈b●〉
で色を塗る。

線を描くように一定方向に塗る。下の地色
も見えるようにムラがあってOK。

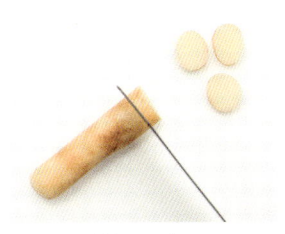

2 カッターで輪切りにする。

3 表面のところどころにボンドを塗
り、乾燥させる。

4 ボンドを塗ったところに絵具〈b
●〉、〈c●〉を混ぜながら塗り、焼
き色をつける。

割り箸に両面テープを貼ってじゃがいも
を固定させると作業しやすいです。ボンド
で膜を作ってから色を塗ると焼き色の
質感が出ます。メイクチップでたたくよ
うにして塗ると、ほどよいグラデーショ
ンができてリアルになります。

さやいんげん

材料

樹脂粘土（**グレイス**）

カラー粘土
（**グレイスカラー グリーン**）

準備

p.27の要領で、粘土とカラー粘土を混
ぜて（**グレイス**直径約1.3cm＋**グレイ
スカラー グリーン**直径約4mm）黄緑
に着色する。

作り方

着色した粘土で直径2〜3mmの
丸玉を作り、細い棒状にのばす。
乾燥させる。

先端を細くし、太さや長さを揃えず、アバ
ウトにのばします。

ブロッコリー

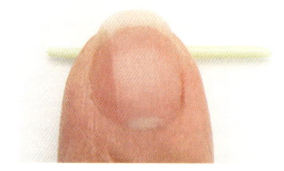

材料

樹脂粘土（グレイス）

アクリル絵具
（**リキテックス ソフトタイプ**）
〈a●〉イエローオキサイド
〈b●〉パーマネントグリーンライト
〈c●〉パーマネントサップグリーン

木工用ボンド

準備

p.27 の要領で、粘土を絵具〈a●〉、〈b●〉で
黄緑に着色する。

1　着色した粘土で直径 4〜5mm の
丸玉を作り、2.5cm 長さの棒状に
のばす。10 分ほどおいて少し乾燥
させる。
完全に乾燥させると、はさみで切れなく
なるので注意。

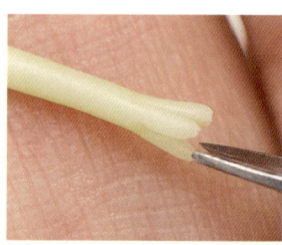

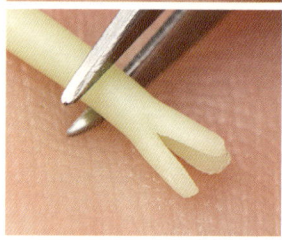

2　はさみで縦に 3 カ所切り込みを
入れ、茎を作る。乾燥させて短
く切る。
先端が細い粘土用のはさみを使用。

3　着色した粘土を適当な大きさに
丸め、茶こしに押しあてる。網
目から出てきた粘土を粘土ヘラ
（**ステンレスモデラ**）で少しすくい
取る。

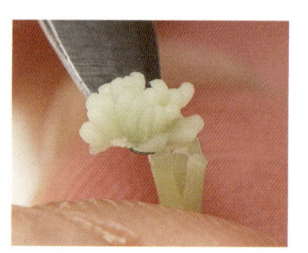

4　2 にボンドを塗り、3 の粘土を貼
りつける。同様にくり返し、3 つ
に分かれた茎にそれぞれ房をつ
ける。

5　絵具〈c●〉で房に色を塗る。

茶こし

100 円均一ショップなどのもの
でOK。網目に粘土を押しあて、
房の部分を作る。

ミニトマト

材料

造形用パテ
（**エポキシ造形パテ〈速硬化タイプ〉**）

シリコーン型取り材
（**シリコーンモールドメーカー**）

樹脂粘土（**グレイス**）

アクリル絵具
（**リキテックス ソフトタイプ**）
〈a●〉パーマネントサップグリーン

アクリル塗料
（**デコレーションカラー**）
〈いちごシロップ〉

木工用ボンド

準備

p.27の要領で、粘土を絵具〈a●〉で黄緑に着色する。

作り方

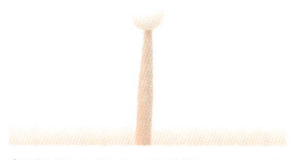

1 無着色の粘土で直径4mmの丸玉を作り、楊枝に刺し、スポンジに立てて乾燥させる。

2 1に赤いアクリル塗料を塗り、スポンジに立てて乾燥させる。

3 黄緑に着色した粘土を適当な長さに細くのばし、乾燥させて3mm長さくらいに切る。

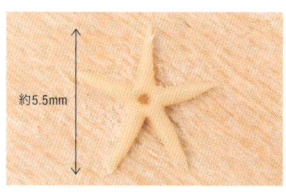

約5.5mm

4 p.28の1〜2の要領で**エポキシ造形パテ**を混ぜ、土台の上に広げて粘土ヘラ（**ステンレスモデラ**）でヘタの形を描き、余分なパテを取り除く。中央は穴をあける。

5 p.28の7〜9の要領で**シリコーンモールドメーカー**をかぶせて硬化させ、型を作る。

6 黄緑に着色した粘土を型に詰め、型から出す。

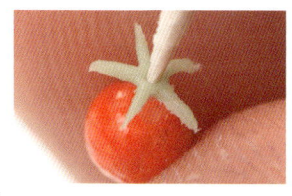

7 2の楊枝を抜き、穴に少量のボンドを塗って6のヘタを貼りつける。
楊枝の穴とヘタの穴を合わせて貼りつけます。

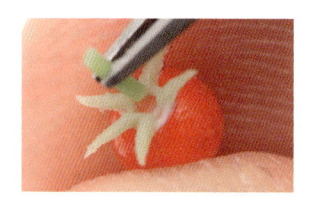

8 ピンセットで3の粘土を穴の中に差し込む。

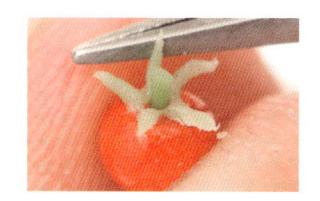

9 ヘタを立てて形を整える。乾燥させる。

10 ヘタに絵具〈a●〉を塗る。

玉ねぎ

材料

樹脂粘土（グレイス）

シリコーン型取り材
（シリコーンモールドメーカー）

準備

p.27の要領で、粘土をカラースケール**G**
で計量する（直径1.3cm）。

作り方

1 p.28の**7**の要領で**シリコーンモー
ルドメーカー**の2材を混ぜ、約
4.5cm長さの棒状にする。

3 **2**を**1**に巻きつけ、乾燥させる。

2 計量した粘土を横約5cmの楕円
形にのばし、カッターで四方を
切って長方形にする。

4 **シリコーンモールドメーカー**から
粘土をはずし、はさみで細く切る。

絹さや

材料 樹脂粘土（**グレイス**）

アクリル絵具
（**リキテックス ソフトタイプ**）
〈a●〉パーマネント
サップグリーン

作り方

準備 p.27の要領で、粘土を絵具〈a●〉で黄
緑に着色し、カラースケール**A**で計量す
る（直径4mm）。

着色した粘土を平らにつぶして
直径6mmの円形にし、カッター
で半分に切る。粘土ヘラ（**ステン
レスモデラ**）などで絹さやの形に
整える。

矢生姜の
甘酢漬け

材料 樹脂粘土（**グレイス**）

アクリル絵具（**ターナー ジャパネスクカラー**）
〈a●〉えんじ色

作り方

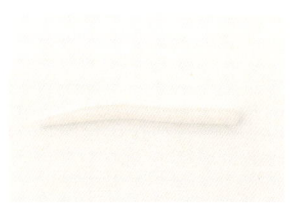

1 粘土を1.8cm長さの棒状にのばし
（片側を細くする）、乾燥させる。

2 太い方の先端から真ん中くらい
まで絵具〈a●〉を塗る。
線を描くように塗り、境目はグラデーショ
ンになるようにします。

オクラ

材料

造形用パテ（**エポキシ造形パテ〈速硬化タイプ〉**）

シリコーン型取り材
（**シリコーンモールドメーカー**）

樹脂粘土（**グレイス**）

アクリル絵具（**リキテックス ソフトタイプ**）
〈**a**●〉イエローオキサイド
〈**b**●〉パーマネントサップグリーン

準備
p.27 の要領で、粘土を絵具〈**a**●〉で薄い
黄色に着色する。

レタス（葉もの）

材料

造形用パテ（**エポキシ造形パテ〈速硬化タイプ〉**）

シリコーン型取り材
（**シリコーンモールドメーカー**）

樹脂粘土（**グレイス**）

アクリル絵具（**リキテックス ソフトタイプ**）
〈**a**●〉イエローオキサイド
〈**b**●〉パーマネントグリーンライト

準備
p.27 の要領で、粘土を絵具〈**a**●〉、〈**b**●〉
で好みの緑色に着色する。
2枚以上作るときは、色を変えて濃淡を出
すとリアルに仕上がります。

作り方

約6mm

1 p.28 の1〜2の要領で**エポキシ
造形パテ**を混ぜ、土台の上に広
げて五角形を作り、楊枝で5個
のくぼみを作る。

2 p.28 の7〜9の要領で**シリコー
ンモールドメーカー**をかぶせて
硬化させ、型を作る。

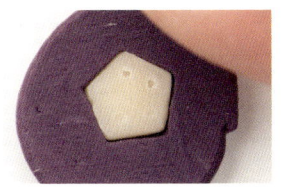

3 着色した粘土を型に詰め、型か
ら出す。

〈表〉

4 半日ほど乾燥させ、裏側からく
ぼみの部分を楊枝で押して表に
種を盛り上げる。

5 皮の部分に絵具〈**b**●〉を塗る。

作り方

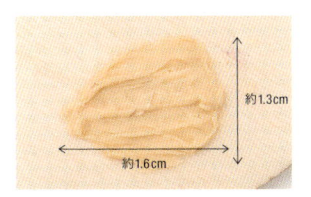

約1.3cm

約1.6cm

1 p.28 の1〜2の要領で**エポキシ
造形パテ**を混ぜ、土台の上に広
げて粘土ヘラ（**ステンレスモデラ**）
でレタスの形に整え、ピンセット
でしわを寄せる。

2 p.28 の7〜9の要領で**シリコーン
モールドメーカー**をかぶせて硬
化させ、型を作る。

3 着色した粘土を薄くのばして型に
詰める。

4 型から出し、ピンセットでカール
させて形を整える。
乾燥していない状態で使用し、弁当箱に
盛りつけながら形を整えます。

くまのライス

材料

造形用パテ（**エポキシ造形パテ〈速硬化タイプ〉**）

シリコーン型取り材
（**シリコーンモールドメーカー**）

樹脂粘土（**グレイス**）

カラー粘土（**グレイスカラー ブラック**）

アクリル絵具（**リキテックス ソフトタイプ**）
〈a●〉カドミウムレッドミディアム

木工用ボンド

ベビーオイル

丸おにぎり

材料

造形用パテ
（**エポキシ造形パテ〈速硬化タイプ〉**）

シリコーン型取り材
（**シリコーンモールドメーカー**）

樹脂粘土（**グレイス**）

アクリル絵具
（**リキテックス ソフトタイプ**）
〈a●〉カドミウムレッドミディアム
〈b●〉ビビッドレッドオレンジ

アクリル絵具（**ターナー ジャパネスクカラー**）
〈c●〉えんじ色

絹さや（p.58）

木工用ボンド

ベビーオイル

作り方

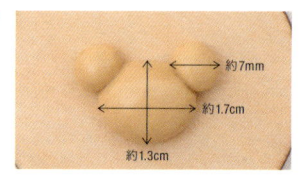

1 p.28 の 1〜2 の要領で**エポキシ造形パテ**を混ぜ、土台の上にくまの形を作る。

2 p.28 の 7〜9 の要領で**シリコーンモールドメーカー**をかぶせて硬化させ、型を作る。

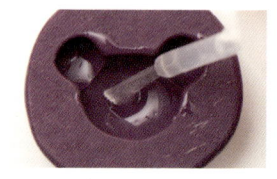

3 あとで取り出しやすいように、型にオイルを塗る。

4 粘土を直径 1〜2mm に丸め、型の底が見えなくなるまで詰める。

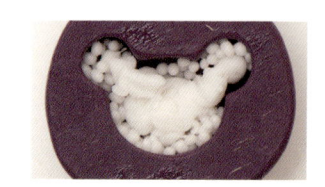

5 粘土を適当な大きさに丸めて詰め、かさ増しする。

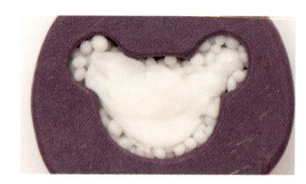

6 再び直径 1〜2mm に丸めた粘土を詰め、隙間を埋める。

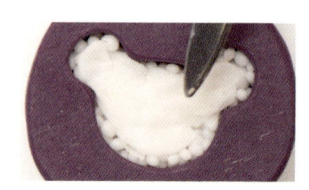

7 粘土を適当な大きさに丸めて粘土ヘラ（**ステンレスモデラ**）で広げ、全体を覆う。
強く押しすぎると中の小さい粘土がつぶれてしまうので注意。

8 型から出し、形を整えて乾燥させる。黒のカラー粘土で目と鼻を作ってボンドで貼り、絵具〈a●〉で頬を薄いピンクに塗る。
形が崩れたらボンドで修復します。

作り方　基本の作り方

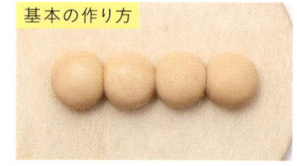

1 p.28 の 1〜2 の要領で**エポキシ造形パテ**を混ぜ、土台の上に直径 7mm の丸玉を4個作ってつなげる。

2 p.28 の 7〜9 の要領で**シリコーンモールドメーカー**をかぶせて硬化させ、型を作る。以降はくまのライス（上記の作り方3〜8）と同様に作る。

いなり寿司

材料

造形用パテ
（**エポキシ造形パテ〈速硬化タイプ〉**）
シリコーン型取り材
（**シリコーンモールドメーカー**）
樹脂粘土（**グレイス**）
アクリル絵具
（**リキテックス ソフトタイプ**）
〈a●〉イエローオキサイド

準備

p.27の要領で、粘土を絵具〈a●〉で
黄色に着色する。

ケチャップライス

作り方

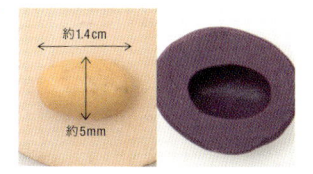

約1.4cm
約5mm

1 p.28の1〜2の要領で**エポキシ造形パテ**を混ぜ、土台の上に広げて楕円のドーム状にする。p.28の7〜9の要領で**シリコーンモールドメーカー**をかぶせて硬化させ、型を作る。

2 着色した粘土を型よりもひとまわり大きく広げ、歯ブラシで質感をつける。

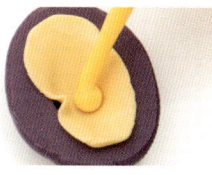

3 質感をつけた方を下にして2を型の中に入れ、シュガークラフト用の細工棒などで型に沿わせる。

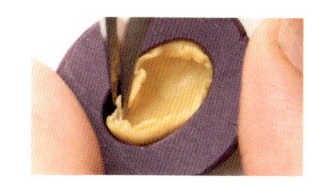

4 ピンセットで縁をつまみ、内側に少し折り込む。型から出し、乾燥させる。

5 無着色の粘土を中に詰め、粘土ヘラ（**ステンレスモデラ**）で全体に広げる。無着色の粘土を直径1〜2mmに丸めて米粒を作り、見せる部分に詰める。

米粒がつかない場合はボンドで貼ります。上にれんこんなどのパーツをのせる場合は、見えている所のみでOK。

材料

樹脂粘土（**グレイス**）
アクリル絵具
（**リキテックス ソフトタイプ**）
〈a●〉ビビッドレッドオレンジ
〈b●〉パーマネントサップグリーン
ベビーオイル

作り方

p.27の要領で、粘土を絵具〈a●〉でオレンジに着色し、直径1〜2mmに丸める。好みの型（写真はティーカップの型 p.73）に、くまのライス（左ページ）と同様に詰める。絵具〈b●〉で薄い緑に着色した粘土を同様に丸めて乾燥させたものをところどころに混ぜる。

雑穀米

p.27の要領で、粘土を絵具〈c●〉で薄いピンク〜えんじ色に着色し（まばらにしてグラデーションを作る）、直径1〜2mmに丸める。

サーモンと絹さや

p.27の要領で、粘土を絵具〈a●〉、〈b●〉でオレンジに着色し、適当な大きさに丸めて乾燥させ、小さく切る。絹さやも小さく切る。

作り方4で、型に直径1〜2mmに丸めた粘土と、パーツをバランスよく詰める。

型から出し、形が崩れたところや接着していないパーツがあればボンドで貼って形を整える。

柴漬け

材料

樹脂粘土（グレイス）

アクリル絵具
（ターナー ジャパネスクカラー）
〈a●〉えんじ色

準備

p.27の要領で、粘土を絵具〈a●〉で
紫色に着色し、カラースケール **D** で計
量する（直径7mm）。

作り方

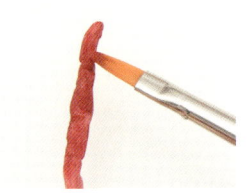

着色した粘土を3.5cm長さの棒
状にのばし、ピンセットでつま
んでしわを寄せる。乾燥させる。
絵具〈a●〉で着色し、カッター
でスライスする。

きれいな棒ではなく、少しいびつな形
にします。

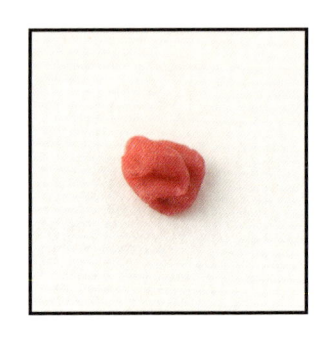

梅干し

材料　樹脂粘土（グレイス）

アクリル絵具
（ターナー ジャパネスクカラー）
〈a●〉えんじ色

準備　p.27の要領で、粘土を絵具〈a●〉でえ
んじ色に着色し、直径2mmの丸玉を
作る。

作り方

丸玉をピンセットでつまんでしわ
を寄せる。乾燥させる。

紅しょうが

材料

樹脂粘土（グレイス）

アクリル絵具
（リキテックス ソフトタイプ）
〈a●〉カドミウムレッドミディアム

準備

p.27の要領で、粘土を絵具〈a●〉で濃
いピンクに着色する。

作り方

着色した粘土を適当な大きさに
薄くのばし、乾燥させる。デザイ
ンナイフで細く切る。

桜大根

材料

樹脂粘土（グレイス）

アクリル絵具
（リキテックス ソフトタイプ）
〈a●〉カドミウムレッドミディアム

準備

p.27の要領で、粘土を絵具〈a●〉で薄
いピンクに着色する。

作り方

着色した粘土を小さくちぎり、指
で薄くのばす。乾燥させる。

のり

材料
両面テープ
ティッシュペーパー
アクリル絵具
（リキテックス ソフトタイプ）
〈a●〉 アイボリーブラック
〈b●〉 パーマネント
サップグリーン

作り方

1 2cm長さに切った両面テープをクリアファイルに2本貼る。

2 ティッシュをはがして1枚にし、1に貼り、余分なところはちぎる。

3 クリアファイルからはがし、絵具〈a●〉、〈b●〉を混ぜながら塗り、両面に着色する。
たたくようにしてランダムに塗ります。絵具を塗りながら両面テープの粘着を弱めていきます。好みの大きさに切って使用。

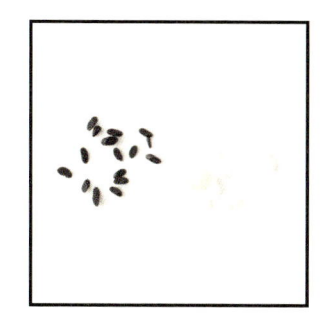

ごま

材料
カラー粘土
（グレイスカラー ブラック）
樹脂粘土 **（グレイス）**
アクリル絵具
（リキテックス ソフトタイプ）
〈a●〉 イエローオキサイド

準備 白ごまは p.27の要領で、粘土を絵具〈a●〉で薄い黄色に着色する。

作り方

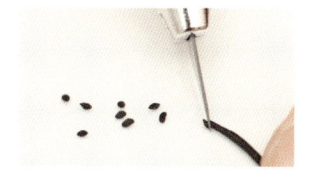

黒のカラー粘土または着色した粘土を適当な長さに細くのばし、乾燥させる。デザインナイフで斜めに小さく切る。

バラン

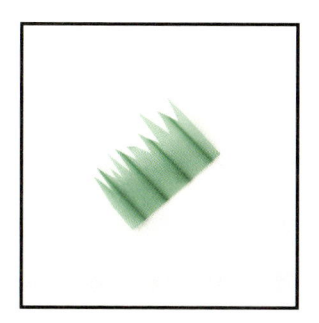

材料 バラン

作り方 バランをお弁当箱に合わせて小さく切り、上部に切り込みを入れてギザギザを作る。

カップ

材料
造形用パテ
（エポキシ造形パテ〈速硬化タイプ〉）
お弁当用の仕切りカップ

作り方

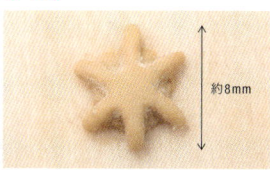

約8mm

1 パテでカップの原型を作る。

2 仕切りカップを小さく丸く切る。

3 1の型にあててピンセットでつまみ、形を作る。

バラン　カップ

お弁当の仕切りに使うバランとカップ。どちらも100円均一ショップで購入できる。好みの色や柄を選んで。

How to
BOX
make

∷ 弁当箱の作り方 ∷

型を使えば、粘土やUVレジンで弁当箱を作ることができます。
木の弁当箱は100円均一ショップのかごや、工作用の木材を使用。
カトラリーやマグカップなども合わせて作ってみてください。

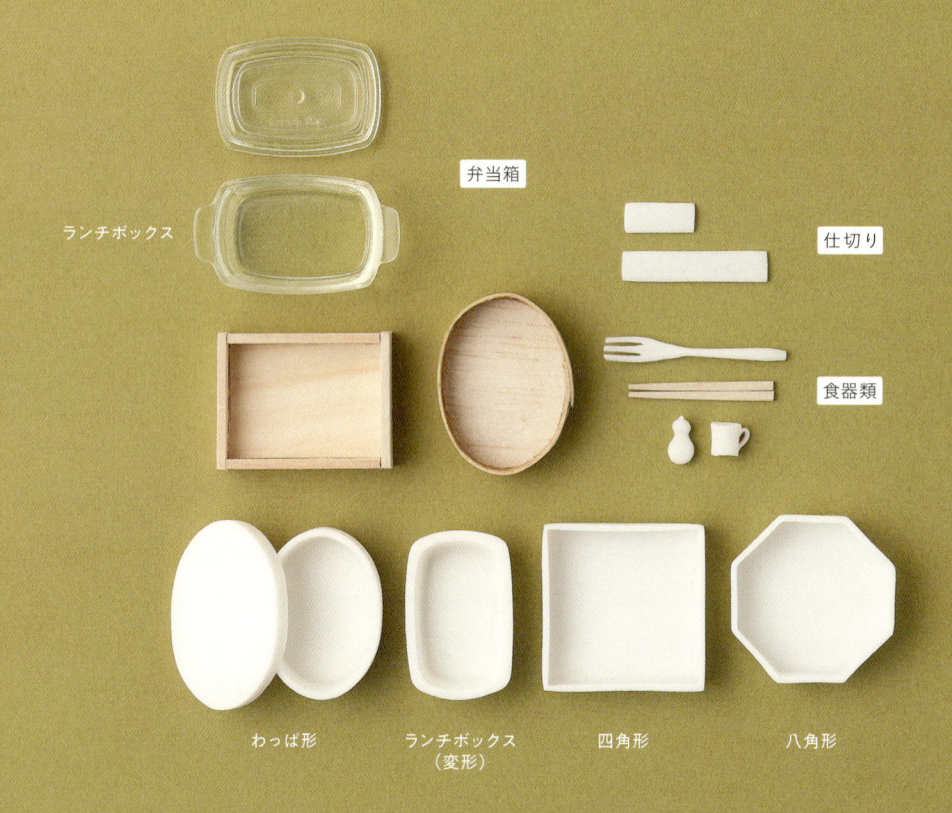

ランチボックス

弁当箱

仕切り

食器類

わっぱ形

ランチボックス
（変形）

四角形

八角形

制作協力・及川聖子

本書で使用した型

弁当箱やカトラリー作りに使用した型を紹介します。
わっぱ形、四角形、八角形など、好きな形を選んでください。
弁当箱のふたも作れるので、お好みでどうぞ。

＊型の価格は税抜きです。購入については日清アソシエイツ WEB サイト内の特設ページでご確認ください。
http://nisshin-nendo.hobby.life.co.jp/book/3/

‥‥‥‥‥‥‥‥‥‥‥‥‥‥‥‥‥‥‥‥‥‥‥‥

わっぱ形

〈お弁当箱 立体型〉

本体：2.9cm×4.9cm
ふた：3.2cm×4.5cm
1600円

四角形

〈仕切り弁当箱 立体型〉

本体：3.8cm×3.8cm
＊仕切りのサイズは下記参照
1600円

ランチボックス

〈ランチボックス 立体型〉

本体：4.8cm×2.8cm
ふた：3.8cm×2.7cm
1600円

八角形

〈八角仕切り弁当箱 立体型〉

本体：3.8cm×3.8cm
＊仕切りのサイズは下記参照
1600円

仕切り

＊上記の四角形と八角形の型に付属

長：3.6cm
中：1.7cm
短：1.1cm

カトラリー・箸置き

〈お弁当用食器セット 立体型〉

スプーン：4.6cm
フォーク：4.5cm
箸：4.6cm
黒文字楊枝：3cm
箸置き：1.2cm
1060円

マグカップ

〈カフェマグカップ 立体型〉

大：2.5cm×2cm
中：2cm×1.6cm
小：1cm×8mm
1300円

粘土の弁当箱

粘土を型に詰めて作ります。
形が歪まないように、最初は型に入れたまま乾燥させるのがポイントです。

材料

樹脂粘土
（グレイスジュエリーライン）

カラー粘土
（グレイスカラー ホワイト）

ベビーオイル

準備

樹脂粘土とカラー粘土を1:1の割合で混ぜ合わせ、本体は直径2.3cm、ふたは直径1.8cmの丸玉を作る。
樹脂粘土だけだと乾燥後に透明感が出るので白いカラー粘土を混ぜます。

作り方

わっぱ形

1

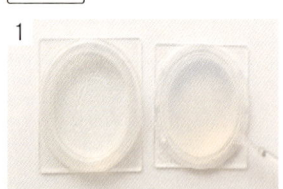

型にオイルを塗る。

2

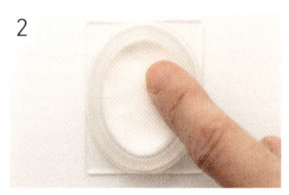

凹型に粘土を詰め、厚みが均一になるようにのばす。

3

凸型をかぶせ、ぎゅっと押さえて型全体に粘土を行き渡らせる。

4

型をはずすと凸型に粘土がついているので、そのまま30分ほど乾燥させる。

5

型と粘土の間にオイルを入れて粘土をはずし、凹型に移して30分ほど乾燥させる。
オイルで粘土を取りやすくし、型を移し替えて乾燥中に形が歪まないようにします。

6

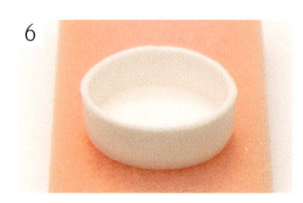

型から粘土をはずし、スポンジの上で半日ほど乾燥させる。

7

ふたも1〜6と同様に作り、スポンジの上で半日ほど乾燥させる。

8

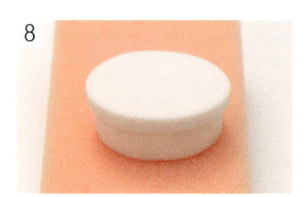

容器にふたをかぶせ、1週間ほど乾燥させる。

9

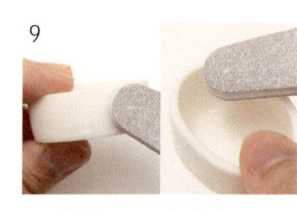

やすりをかけて形を整える。
本書では型にある閉じ目の模様はやすりで消しています。厚みを均一にし、バリ（はみ出た部分）があれば取り除きます。

四角形・八角形

- 樹脂粘土とカラー粘土を1:1の割合で混ぜ合わせ、四角形は直径2cm、八角形は直径1.8cmの丸玉を作る。
- 作り方の流れは「わっぱ形」(左ページ)と同じ。作り方4の乾燥時間は2時間ほど。
- 作り方5で凸型から粘土をはずして凹型に入れたら、形を整えてすぐ取り出し、スポンジの上で半日ほど乾燥させる。形崩れを防ぐため、同じ形に切った厚紙(右記)を中に入れ、さらに乾燥させる。

ランチボックス(変形)

- 樹脂粘土とカラー粘土を1:1の割合で混ぜ合わせ、直径2cmの丸玉を作る。
- 作り方3までの流れは「わっぱ形」(左ページ)と同じ。凸型をはずして凹型に粘土が入ったまま1〜2時間乾燥させる。凹型からはずしてスポンジにのせ、1週間ほど乾燥させる。(a)
- 乾燥させたら、取っ手の部分をニッパーで切る。(b)
  本書では取っ手を切って使用していますが、好みで残してもOKです。
- やすりをかけてなめらかにし、形を整える。(c、d)

a   b

c   d

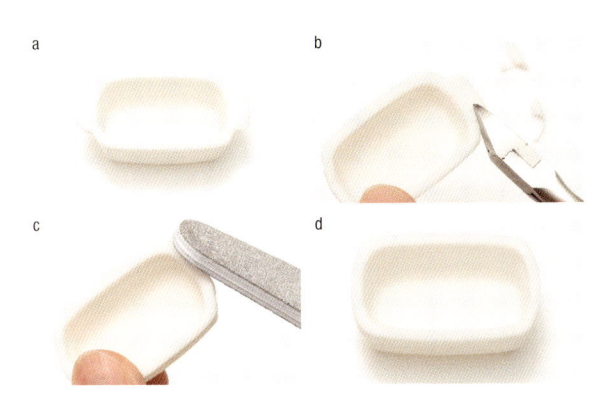

<〈厚紙の作り方〉>

1

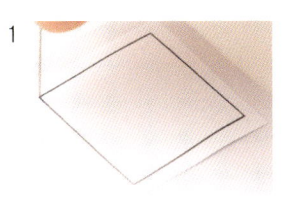

型付属の型紙を厚紙にあて、角に針を刺して印をつける。
厚紙はボール紙や工作用紙がおすすめです。

2

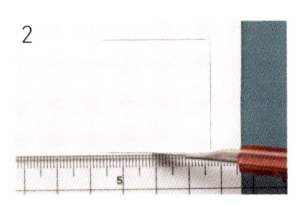

印に合わせて定規をあて、カッターで切る。出し入れしやすいように中心部は穴をあける。

3

粘土ヘラ(ステンレスモデラ)などを穴に引っかけ、弁当箱の中に入れる。

67

ＵＶレジンの弁当箱

型にUVレジンを流し込んで作ります。丁寧に気泡を取り除くと仕上がりがきれいです。
色を塗ると、透明感のある質感になります。

材料

ＵＶレジン
（ジュエリーＵＶレジン LEDプラス）

ジュエリー UV レジン LED プラス
（日清アソシエイツ）

ＵＶレジンは厚みがあるとかたまりにくい
ので数回に分けて注ぎ入れるが、こちらは
立体的な型に入れても一度に硬化できる。

ビニール手袋

ＵＶレジンが手につくとアレルギー反応が
出ることもあるので、必ずビニール手袋を
して作業する。

作り方

1

凹型の下にラップを敷く。
型をラップで包むので大きめに切って敷
きます。

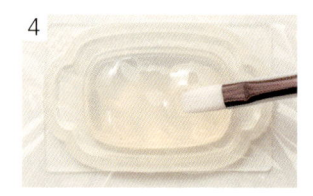

4

凸型にＵＶレジンを塗る。
気泡が入るのを防ぐことができます。溝
にもしっかり塗りましょう。

7

ラップごとＵＶライトにあて、か
ためる。
照射時間は3〜5分。様子を見ながら調
整してください。

2

型の高さの半分くらいまでＵＶレ
ジンを流し込む。

5

凸型をかぶせ、型を閉じる。

8

型からはずし、はみ出た部分を
ニッパーで切り取る。

3

粘土ヘラ（**ステンレスモデラ**）で
気泡をすくって取り除く。

6

ラップで型を巻き、しっかり固
定する。

9

やすりをかけ、形を整える。

木の弁当箱

100円均一ショップのかごや工作用の木材で曲げわっぱや木の箱を作ります。
好みで形や大きさを変えてアレンジしてみてください。

わっぱ形

材料

木で編まれたかご
工作用の木材（バルサ）
ボンド（**タミヤクラフトボンド**）

木材はホームセンターなどに売っています。バルサは柔らかくてカットしやすいので底に使用。

かご

100円均一ショップで購入した編みかごを解体して使用。曲げやすい素材を選ぶとよい。

作り方

1
かごの木をはさみで切り、12cm長さを用意する。
幅が広い場合は切って調整します。

2
楕円や丸になるようにしならせて輪を作る。
かたくて曲がらない場合は、湯につけると柔らかくなります。

3
閉じ目をボンドで貼り合わせ、クリップで挟んで乾燥させる。

4
3の底に合わせて木材に印をつけ、カッターで切り取る。

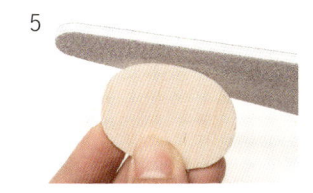

5
やすりをかけ、中に入るように大きさを調整する。

6
5の縁にボンドを塗り、3の中に入れる。

箱形

材料

工作用の木材（ヒノキ）
ボンド（**タミヤクラフトボンド**）

木材はホームセンターでいろいろな大きさで売っているので好みのものを選んでください。本書では幅3cmと1cm、厚さ2mmのヒノキを使用。

作り方

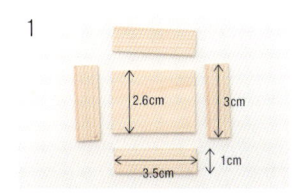

1
木材をカッターで切り、3.5cm×2.6cmを1枚、3cm×1cmを2枚、3.5cm×1cmを2枚用意する。
写真はうな重弁当と幕の内弁当（p.22）の弁当箱。仕切りは2.3cm×1cmに切った木を入れています。2色ごはん弁当（p.23）は、2.5cm角を1枚、2.9cm×1cmを2枚、2.5cm×1cmを2枚、仕切りは3.3cm×1cm、1.6cm×1cmを各1枚。

2
ボンドで貼り合わせ、箱に組み立てる。

弁当箱の仕切り

弁当箱に仕切りを入れると盛りつけの印象が変わります。反らないように
スポンジに挟んで乾燥させるのがコツ。好みの大きさを選んで作ってください。

材料

樹脂粘土
（グレイスジュエリーライン）

カラー粘土
（グレイスカラー ホワイト）

ベビーオイル

準備

樹脂粘土とカラー粘土を1:1の割合
で混ぜ合わせ、長は直径8mm、中
は直径6mmの丸玉を作る。
樹脂粘土だけだと乾燥後に透明感が
出るので白いカラー粘土を混ぜます。

作り方

1

型に薄くオイルを塗り、粘土を仕
切りの長さにのばして凹型に詰
める。

2

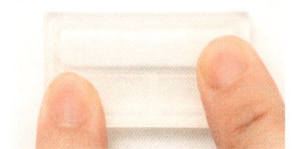

ふたをかぶせ、ぎゅっと押さえて
粘土を全体に行き渡らせる。

3

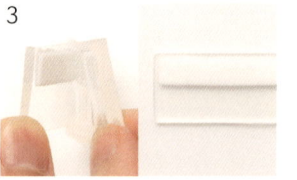

ふたをはずし、型についたまま
表面が乾くまで30分ほど乾燥さ
せる。
型をはずしたとき粘土は凸型にくっつくよ
うにします。

4

粘土を型からはずし、乾いている
方を下にしてスポンジに置き、表面
が乾くまで30分ほど乾燥させる。

5

かたいスポンジ（**激落ちくん**など）
にカッターで切り目を入れる。

6

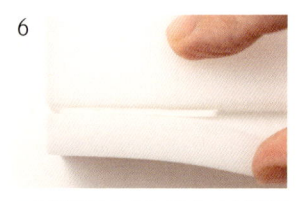

4を切り目の中に挟んで1週間
ほど乾燥させ、やすりをかけて
整える。
かたいスポンジで挟んで形を固定させ、
乾燥中の反りを防ぎます。

市販品を弁当箱に利用

弁当箱を手作りするのは大変という方
は、市販の小さなわっぱを使うと手軽
です。はさみで好きな高さ（本書では
1.3cmくらい）に切ってください。

ミニミニわっぱ

東京・浅草橋のシ
モジマで購入。直径
3cm×高さ3cm、直
径4cm×高さ3.5cm
の2種がある。

お弁当に合わせる食器類

カトラリーやマグカップをお弁当と一緒に飾るのも楽しい。型を使えば
フォークや箸置きなどが作れます。割り箸は楊枝をやすりで削るだけです。

箸置き・フォーク・マグカップ

材料

樹脂粘土
（**グレイスジュエリーライン**）

カラー粘土
（**グレイスカラー ホワイト**）

ベビーオイル

準備

樹脂粘土とカラー粘土を1:1の割合
で混ぜ合わせ、箸置きは直径6mm、
フォークは直径8mm、マグカップは
直径7mmの丸玉を作る。
樹脂粘土だけだと乾燥後に透明感が
出るので白いカラー粘土を混ぜます。

作り方

1 箸置き

粘土をひょうたんの形に整える。

2

型にオイルを塗り、1を詰める。
上の型をかぶせて全体に行き渡
らせ、粘土を取り出し、スポンジ
の上にのせて乾燥させる。

---

1 フォーク

粘土を型に合わせて細長くのば
す（端は少し太めにする）。

2

型にオイルを塗り、1を詰める。
上の型をかぶせて全体に行き渡
らせる。

3

上の型をはずし、粘土ヘラ（**ステ
ンレスモデラ**）でバリ（はみ出た
部分）を取り除く。型に入れたま
ま30分ほど乾燥させ、上の型に
移して再び30分ほど乾燥させた
あと、スポンジの上にのせて乾
燥させる。やすりをかけ、形を
整える。

---

1 マグカップ

分量の粘土から直径3mm玉を
取り、細長くのばす。型にオイ
ルを塗り、取っ手部分に詰める。

2

型を組み立て、残りの粘土を上
から詰め、ふたをかぶせる。ふ
たを取って粘土ヘラ（**ステンレス
モデラ**）でバリ（はみ出た部分）
を取り除く。

3

型を解体し、そのまま10分ほど
乾燥させる。スポンジの上にの
せて乾燥させ、やすりをかけて
形を整える。

割り箸

材料 楊枝

楊枝の頭をカッターで
切り落とし、やすりを
かけ、丸みをなくして
平らにする。

色の塗り方

粘土やUVレジンで弁当箱を作ったら、好きな色に着色します。
筆で塗る方法とエアーブラシで吹きつける方法を紹介。
エアーブラシを使うとスプレーで塗ったような柔らかい風合いに。

筆で塗る

1 アクリル塗料は分離しているので、使用する前によく混ぜる。

2 アクリル塗料を混ぜて好みの色を作り、溶剤で薄める。
原液だと濃いので、専用の溶剤で薄めて（塗料：溶剤＝7：3が目安）使います。

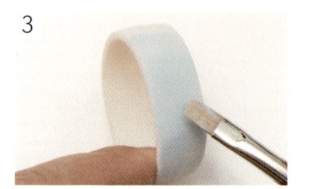

3 弁当箱に薄く塗り、乾燥させる。

エアーブラシで塗る

1 小さく切ったダンボールに両面テープを貼り、弁当箱をのせて固定する。

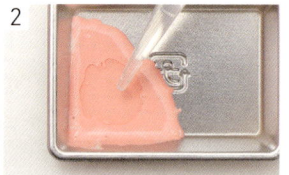

2 アクリル塗料を混ぜて好みの色を作り、溶剤で薄める（塗料：溶剤＝7：3が目安）。

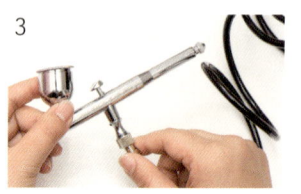

3 エアーブラシのガンの部分とコンプレッサーをつなげる。

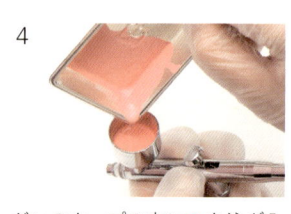

4 ガンのカップの中に 2 を注ぎ入れる。
手に付着する可能性があるのでビニール手袋をして作業しましょう。

5 ダンボールを持ちながら、弁当箱に吹きつけて着色する。乾燥したら、両面テープからはずし、裏面も同様に着色する。
いらない紙などに試し塗りをしてから塗ります。うまく吹きつけられないときは塗料が濃いので薄めて調整します。

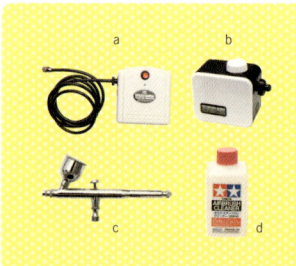

a スプレーワーク コンパクトコンプレッサー（ホワイト）

b スプレーワークコンプレッサー アドバンス

c スプレーワーク HG エアーブラシⅢ

d エアーブラシクリーナー（以上タミヤ）

エアーブラシとは細かいミスト状に塗料を吹きつける道具。ガンの部分とコンプレッサーをつなげて使用。コンプレッサーは場所を取らないコンパクトタイプや、エアー圧力調整が可能なタイプなどがある。ガンの部分は使用後、専用のクリーナーで洗浄する。

盛りつけの基本

弁当箱にパーツを盛りつけるときは、
ご飯に傾斜を作ると立体感が出てきれいです。
おかずは大きいパーツから順に詰めていきましょう。

ペーパー

好きなペーパーを小さく切って弁当箱に敷くと、盛りつけのアクセントになります。

ご飯を丸く盛りつける場合

ケチャップライス弁当（p.17）のようにご飯を丸く盛りつけるときは、ティーカップなどを利用します。

下記の型にUVレジン（**ジュエリーUVレジン LEDプラス**）を流し込んでUVライトでかため、ティーカップを作る。ベビーオイルを塗り、ご飯を詰める。p.28の要領で、**エポキシ造形パテとシリコーンモールドメーカー**で好きな型を作っても。その場合は、オイルは塗らなくてOK。

カフェラテカップ
立体型
（日清アソシエイツ）

1

好みで弁当箱にペーパーを敷き、ボンドで貼りつける。

2

ご飯を詰める所にボンドを塗る。

3

無着色の粘土を入れて粘土ヘラ（**ステンレスモデラ**）で押さえ、斜めにする。

4

ボンドを塗りながら、パーツを詰める。
下に葉ものを敷く場合は先に詰めます。

5

にんじんラペなど複数のパーツを混ぜるものは、パーツにボンドを塗り、弁当箱に詰めながら形を作る。

6

無着色の粘土を直径1〜2mmに丸めて米粒を作り、土台が見えなくなるまで埋める。
パーツを詰め終わってから、最後に米粒を詰めてもOK。

7

ボンドを塗りながら大きいパーツから順に詰め、最後に小さなパーツで隙間を埋める。

ミニトマト (p.57) ピーマン (p.30)
肉そぼろ (p.29)
炒り卵 (p.49)

a： **そぼろ弁当** (p.12)

作品サイズ 横4.6cm

- ランチボックスの型 (p.65) にUVレジンを流し込んで弁当箱を作る (p.68)。着色はアクリル塗料 (**デコレーションカラー**)〈ミルク〉、〈ミルクティ〉を混ぜて薄い茶色を作り、エアーブラシで吹きつける (p.72)。
- 弁当箱に無着色の粘土を詰め、上にパーツを盛りつける (炒り卵をのせたらUVライトでかためる)。
- ピーマンは、ピーマンの肉詰めの作り方 3 のあとカッターで細く切る。

作品サイズ 横4.6cm

- ランチボックスの型 (p.65) にUVレジンを流し込んで弁当箱を作る (p.68)。着色はアクリル塗料 (**デコレーションカラー**)〈チョコレート〉、〈ミルク〉を混ぜて茶色を作り、エアーブラシで吹きつける (p.72)。
- ご飯は玄米。粘土にアクリル絵具 (**リキテックス ソフトタイプ**)〈イエローオキサイド〉を混ぜ、薄い黄色に着色して作る。
- 焼きじゃがいもは小さく切る。

バラン (p.63) から揚げ (p.29)
焼きじゃがいも (p.55) ミニトマト (p.57)
ピーマンの肉詰め (p.30)
卵焼き (p.50) レタス (p.59)
えびフライ (p.32)

b： **ピーマンの肉詰め弁当** (p.12)

れんこん肉挟み焼き (p.45)
白ごま (p.63)
ブロッコリー (p.56) バラン (p.63)
ミニトマト (p.57) ゆで卵 (p.51)
レタス (p.59)
にんじんラペ (p.55)

c： **れんこん肉挟み焼き弁当** (p.13)

作品サイズ 横4.6cm

- ランチボックスの型 (p.65) にUVレジンを流し込んで弁当箱を作る (p.68)。着色はアクリル塗料 (**デコレーションカラー**)〈いちごミルク〉、〈ミルク〉を混ぜてピンクを作り、エアーブラシで吹きつける (p.72)。
- 弁当箱にペーパーを敷く。
- れんこん肉挟み焼きは、たれをかけたあとに白ごまを散らし、UVライトにあててかためる。

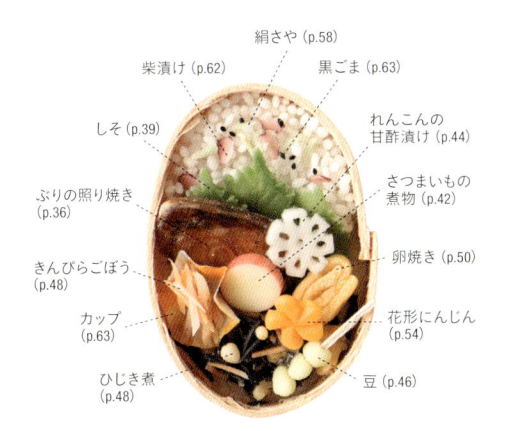

絹さや (p.58)

柴漬け (p.62)　黒ごま (p.63)

しそ (p.39)　　　　　　れんこんの
　　　　　　　　　　　甘酢漬け (p.44)

ぶりの照り焼き
(p.36)　　　　　　　　さつまいもの
　　　　　　　　　　煮物 (p.42)

きんぴらごぼう　　　　　卵焼き (p.50)
(p.48)

カップ (p.63)　　　　　花形にんじん
　　　　　　　　　　　(p.54)

ひじき煮 (p.48)　　　　豆 (p.46)

d：ぶりの　照り焼き弁当 (p.14)

作品サイズ　縦3.8cm

・・・・・・・・・・・・・・・・・・

● 木でわっぱ形の弁当箱を作る (p.69)。

● きんぴらごぼうは、パーツにボンドを塗りながらカップの中に盛りつける。

● 柴漬けと絹さやは薄く切り、ご飯の上に貼りつける。

作品サイズ　横3.8cm

・・・・・・・・・・・・・・・・・・

● 木でわっぱ形の弁当箱を作る (p.69)。

しそ (p.39)　　ひじき入り豆腐ハンバーグ
　　　　　　　(p.32)

れんこんのきんぴら　　　三角こんにゃく (p.47)
(p.44)

　　　　　　　　　　　スライスしいたけ
梅干し　　　　　　　　(p.43)
(p.62)

　　　　　　　　　　　さつまいもの
レタス (p.59)　　　　　煮物 (p.42)

ちくわかにかま　　　　　花形にんじん
(p.41)　　　　　　　　(p.54)

ちくわきゅうり
(p.41)

e：ひじき入り　豆腐ハンバーグ　弁当 (p.15)

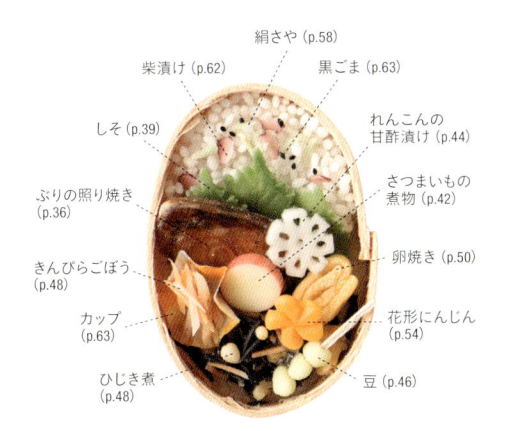

から揚げ (p.29)　錦糸卵 (p.49)

レタス (p.59)　　　　たこさん
　　　　　　　　　ウインナー (p.52)

バラン (p.63)

ミニトマト
(p.57)

花形にんじん　　　　ブロッコリー
(p.54)　　　　　　(p.56)

f：オムライス弁当 (p.16)

作品サイズ　横3.8cm

・・・・・・・・・・・・・・・・・・

● わっぱ形の型 (p.65) に粘土を詰めて弁当箱を作る (p.66)。着色はアクリル塗料 (デコレーションカラー)〈ミルク〉、(アクリル塗料 ミニ)〈スカイブルー〉を混ぜて水色を作り、筆で塗る (p.72)。

● オムライスは無着色の粘土で直径1cmの丸玉を作り、細く切る前の錦糸卵で包んで貼りつける。同様にして計2個作る。

レタス (p.59)
ミニトマト (p.57)
ハート形卵焼き (p.51)
肉巻き (p.34)
くまのライス (p.60)
えびフライ (p.32)
オクラ (p.59)
ちくわきゅうり (p.41)

g： くまちゃん弁当 (p.17)

作品サイズ 縦3.8cm

●わっぱ形の型 (p.65) に粘土を詰めて弁当箱を作る (p.66)。着色はアクリル塗料 (**デコレーションカラー**)〈いちごミルク〉、〈ミルク〉を混ぜてピンクを作り、筆で塗る (p.72)。

作品サイズ 横3.8cm

●わっぱ形の型 (p.65) に粘土を詰めて弁当箱を作る (p.66)。着色はアクリル塗料 (**デコレーションカラー**)〈レモン〉、〈ミルク〉を混ぜて黄色を作り、筆で塗る (p.72)。
●白米はケチャップライスと同様にティーカップなどの好みの型に無着色の粘土を詰めて作る。

具材入り卵焼き (p.50)
花形ハム (p.53)
レタス (p.59)
ミニトマト (p.57)
チーズ (p.52)
ミートボール (p.31)
ブロッコリー (p.56)
ケチャップライス (p.61)

h： ケチャップ ライス弁当 (p.17)

錦糸卵 (p.49)
れんこんの甘酢漬け (p.44)
丸おにぎり (p.60)
桜形ハム (p.53)
オクラ (p.59)
いなり寿司 (p.61)
いくら (p.37)
絹さや (p.58)

i： いなり寿司と おにぎり弁当 (p.18)

作品サイズ 縦横 3.6cm

●四角形の型 (p.65) に粘土を詰めて弁当箱を作る (p.67)。着色はアクリル塗料 (**アクリル塗料ミニ**)〈フラットフレッシュ〉、(**デコレーションカラー**)〈ミルク〉を混ぜて薄い黄色を作り、エアーブラシで吹きつける (p.72)。
●弁当箱にペーパーを敷く。

から揚げ (p.29)　えびフライ (p.32)

卵焼き (p.50)

ブロッコリー
(p.56)

ミニトマト
(p.57)

ウインナー
(p.52)

j： から揚げと
えびフライ弁当 (p.19)

作品サイズ　縦横3.6cm

・・・・・・・・・・・・・・・・・・・・・

● 四角形の型 (p.65) に粘土を詰めて弁当箱を作る (p.67)。着色は、外側をアクリル塗料 (**アクリル塗料 ミニ**)〈ブラック〉で、内側を (**デコレーションカラー**)〈いちご〉、〈チョコレート〉を混ぜて赤を作り、ともにエアーブラシで吹きつける (p.72)。

● 弁当箱にペーパーを敷く。

作品サイズ　横3.6cm

・・・・・・・・・・・・・・・・・・・・・

● ランチボックスの型 (p.65) に粘土を詰め、取っ手部分を切って変形の弁当箱を作る (p.67)。

● 弁当箱に無着色の粘土を詰め、見える部分に米粒を貼りつける。ボンドを塗ってのりとおかずを貼りつける。

ちくわの磯辺揚げ
(p.40)

コロッケ
(p.33)

のり (p.63)

白身魚フライ
(p.33)

バラン (p.63)

きんぴらごぼう
(p.48)

k： のり弁当 (p.20)

バラン (p.63)　玉ねぎ (p.58)

紅しょうが
(p.62)

牛すき焼き
(p.34)

l： 牛丼弁当 (p.21)

作品サイズ　横3.6cm

・・・・・・・・・・・・・・・・・・・・・

● ランチボックスの型 (p.65) に粘土を詰め、取っ手部分を切って変形の弁当箱を作る (p.67)。

● 弁当箱に無着色の粘土を詰め、見える部分に米粒を貼りつける。p.30 の作り方 7 と同様にUVレジンでたれを作り、牛すき焼き、玉ねぎを混ぜながら上にのせ、UVライトにあててかためる。

とんかつ卵とじ (p.33)　バラン (p.63)

桜大根 (p.62)

作品サイズ　横 3.6cm

- ランチボックスの型 (p.65) に粘土を詰め、取っ手部分を切って変形の弁当箱を作る (p.67)。
- 弁当箱に無着色の粘土を詰め、見える部分に米粒を貼りつける。とんかつ卵とじを作って上にのせ、UVライトにあててかためる。

ｍ：**かつ丼弁当** (p.21)

作品サイズ　横 3.8cm

- 木で箱形の弁当箱を作る (p.69)。
- 弁当箱に無着色の粘土を詰め、米粒を貼りつける。ボンドを塗ってうなぎをのせ、うなぎとご飯にたれをかけ、UVライトにあててかためる。

里いもの煮物 (p.46)

大根の煮物 (p.46)　えびの天ぷら (p.39)

しそ (p.39)

手綱こんにゃく (p.47)

さつまいもの天ぷら (p.42)

うなぎ (p.37)

ピーマンの天ぷら (p.31)

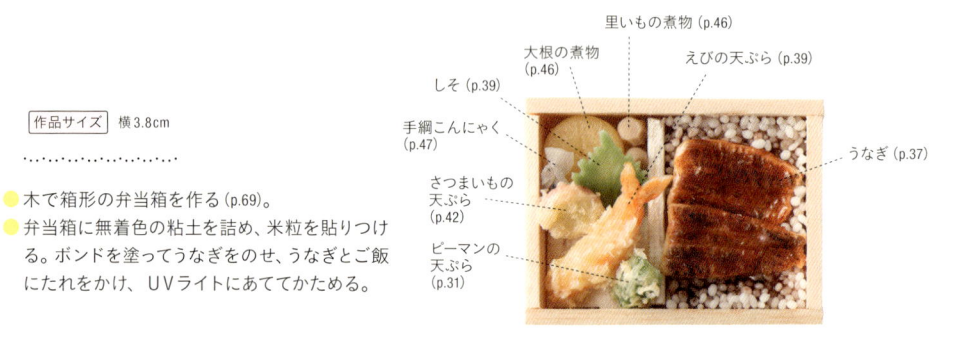

ｎ：**うな重弁当** (p.22)

えび焼き (p.38)　焼きさけ (p.35)

三角こんにゃく (p.47)

花形にんじん (p.54)

大根の煮物 (p.46)

ちくわの煮物 (p.40)

梅干し (p.62)

れんこんの煮物 (p.44)

肉団子串 (p.31)

バラン (p.63)

卵焼き (p.50)

ｏ：**幕の内弁当** (p.22)

作品サイズ　横 3.8cm

- 木で箱形の弁当箱を作る (p.69)。

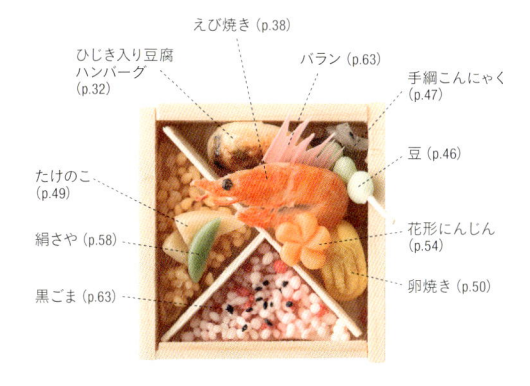

ひじき入り豆腐
ハンバーグ
(p.32)

えび焼き (p.38)

バラン (p.63)

手綱こんにゃく
(p.47)

豆 (p.46)

たけのこ
(p.49)

絹さや (p.58)

黒ごま (p.63)

花形にんじん
(p.54)

卵焼き (p.50)

p : 2色ごはん弁当 (p.23)

作品サイズ　縦横2.9cm

・・・・・・・・・・・・・・・・・・

● 木で箱形の弁当箱を作る (p.69)。
● 玄米は粘土にアクリル絵具 (**リキテックス ソフトタイプ**)〈イエローオキサイド〉を混ぜ、薄い黄色に着色する。雑穀米は雑穀米の丸おにぎり (p.61) と同様に着色する。ご飯のスペースに各色に着色した粘土を詰め、米粒を作ってのせる。
● たけのこは小さく切って盛りつける。

作品サイズ　直径3cm

・・・・・・・・・・・・・・・・・・

● 弁当箱は市販のミニわっぱ (p.70) を使用。
● 弁当箱に無着色の粘土を詰め、上にパーツを盛りつける。
● 錦糸卵は何本かまとめて指でくしゃっとアバウトに丸めながら盛りつける。

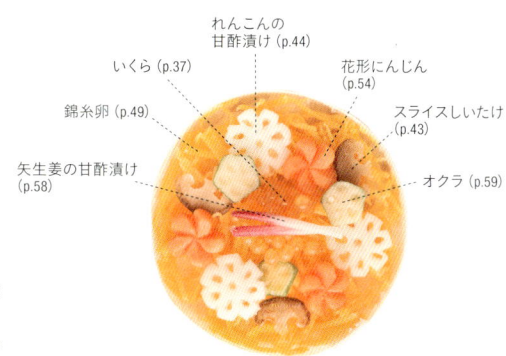

れんこんの
甘酢漬け (p.44)

いくら (p.37)

花形にんじん
(p.54)

錦糸卵 (p.49)

スライスしいたけ
(p.43)

矢生姜の甘酢漬け
(p.58)

オクラ (p.59)

q : ちらし寿司弁当 (p.24)

えびの天ぷら
(p.39)

しいたけの天ぷら
(p.43)

れんこんの天ぷら
(p.45)

かぼちゃの天ぷら
(p.42)

しその天ぷら
(p.39)

紅葉にんじん
(p.54)

バラン (p.63)

さやいんげん
(p.55)

桜大根 (p.62)

肉団子串
(p.31)

黒ごま (p.63)

手綱こんにゃく
(p.47)

r : 天ぷら弁当 (p.25)

作品サイズ　縦横3.5cm

・・・・・・・・・・・・・・・・・・

● 八角形の型 (p.65) に粘土を詰めて弁当箱を作り (p.67)、仕切りも長と中を各1枚作る (p.70)。着色はアクリル塗料 (**アクリル塗料 ミニ**)〈フラットフレッシュ〉、(**デコレーションカラー**)〈ミルク〉を混ぜて薄い黄色を作り、エアーブラシで吹きつける (p.72)。
● 天ぷらを入れる場所に三角形に折ったペーパーを敷く。

関口真優 （せきぐち まゆ）

スイーツデコレーション作家。「持つよろこび」をコンセプトに上品で繊細な作品を得意とし、TBS「王様のブランチ」などテレビ、ラジオをはじめとする多くのメディアで活躍。2009年にスイーツデコレーションスクール「Pastel Sweets（パステルスイーツ）関口真優スイーツデコレーションスタジオ」を設立。数多くのインストラクターを輩出するとともに、海外からもその技術、指導が注目され、講師としてオファーを受ける。現在、台湾、シンガポールに講座を展開し、グローバルにスイーツデコレーションの楽しさを発信している。『樹脂粘土でつくる かわいいミニチュアパン』、『樹脂粘土でつくる かわいいミニチュアサンドイッチ』、『樹脂粘土でつくる とっておきのミニチュアスイーツ』、『樹脂粘土でつくる レトロかわいいミニチュア洋食』、『樹脂粘土でつくる ときめきミニチュアワンプレート』（小社）、『おゆまるでスイーツデコ』（大和書房）、『100円グルーガンでかんたんかわいい スイーツデコ＆アクセサリー』（三才ブックス）、『UVレジンで作るかんたんアクセサリー』（マイナビ）など著書多数。

http://pastelsweets.com

関口真優ブログ
https://ameblo.jp/pastelsweets/

デザイン	… 桑平里美
撮影	… masaco
スタイリング	… 鈴木亜希子
編集	… 矢澤純子

〈制作協力〉 … 及川聖子

〈材料協力〉

日清アソシエイツ
TEL 03-5641-8165　http://nisshin-nendo.hobby.life.co.jp

パジコ
TEL 03-6804-5171　http://www.padico.co.jp

タミヤ
TEL 054-283-0003　http://www.tamiya.com/japan/index.html

※掲載した商品の情報は2018年9月現在のものです。

樹脂粘土でつくる わくわくミニチュアお弁当

2018年12月20日　初版印刷
2018年12月30日　初版発行

著者	関口真優
発行者	小野寺優
発行所	株式会社河出書房新社
	〒151-0051　東京都渋谷区千駄ヶ谷2-32-2
	電話：03-3404-1201（営業）/ 03-3404-8611（編集）
	http://www.kawade.co.jp/
印刷・製本	三松堂株式会社

Printed in Japan　ISBN978-4-309-28707-2